身になる練習法

テニス
大人数対応ドリル

著 **石井弘樹** 元日本チャンピオン
ISHII TENNIS ACADEMY代表

CONCLUSION
はじめに

　錦織圭選手の活躍もあって、日本ではテニスが大ブームです。「子どもがやりたいスポーツ」、「子どもにやらせたいスポーツ」の両部門で、テニスはサッカーとともに高い人気を誇っていて、実際、低年齢からスタートするジュニアスクールは活況を呈していますし、中学・高校の部活からテニスを始める生徒も増えています。

　ラケットでボールを打つときの快感はどんなレベルでも味わえます。しかし、しばらくすると「あれ？」と思い始めるのではないでしょうか？そうなんです。テニスって意外に難しいスポーツで、そうそう簡単にはうまくなりません。本書を手に取った方は、「うまくならないな〜」、「試合に勝てないな〜」という悩みを持った方が多いと思います。また、部活などでテニスを教える指導者の方やお子さんがテニスをやっている親御さんにも本書が目に止まったことだと思います。

　本書のテーマは「身になる練習法」を紹介することです。僕は「身になる」とは「将来につながる」ことだと理解しています。そこで、本

書では、世界標準で行われているスペインドリルをバックボーンにした練習メニューを紹介することにしました。スペインドリルは、ラファエル・ナダルを筆頭に世界のトップ選手たちが幼い頃から取り組んでいる練習法です。とは言っても、内容は実にシンプルで、基礎を固める時期のジュニア練習や部活練習にも十分応用できるものです。

　本書の構成は、コーチ（指導者）がボールを出す球出し練習と、選手同士が打ち合う実戦的な練習の2部構成になっていますが、どちらが「主」で、どちらが「従」というわけではありません。選手のレベルや練習の目的、スケジュールを考えながら、「今日はこのメニューとこのメニューを組み合わせて練習してみよう」といった工夫をすることが大切です。練習メニューはいずれも将来のテニスにつながるものと自負しています。中にはきつい練習があるかもしれませんが、それを繰り返すことで、もっとうまくなるし、もっと試合に勝てるようになります。さあ、頑張って練習に取り組みましょう。

石井弘樹

CONTENTS
目次

2 ——— はじめに
8 ——— 本書の使い方

第1章 手出しによる基礎練習

10 ———	Menu001	フォア、バックの連続2球打ち
12 ———	Menu002	フォア、バックの回り込み2球打ち
14 ———	Menu003	前後に動いての連続打ち
16 ———	Menu004	前後のボールに対するフットワーク
18 ———	Menu005	4球打ち＋サイドステップ
20 ———	Menu006	チャンスボールの連続ヒット
22 ———	Menu007	ノーバウンドヒット
24 ———	Menu008	パッシング練習
26 ———	Menu009	フットワーク＆ストローク
28 ———	Menu010	下がるフットワーク＆ディフェンスボール
30 ———	Menu011	コートの中に入るフットワーク＆チャンスボールヒット
32 ———	Menu012	前進、後退しながらの連続打ち
34 ———	Menu013	高低のボールを後退、前進しながらの連続打ち
36 ———	Menu014	フットワーク練習
38 ———	Menu015	フットワーク練習
40 ———	Menu016	サイドに出たボールのフォア連続打ち
42 ———	Menu017	回り込みフォアの連続打ち
44 ———	Menu018	フットワーク練習
46 ———	Menu019	練習を工夫しよう
48 ———	column 1	同学年のライバルは全員日本チャンピオン

第2章 ラケット出しによる基礎練習

50 ———	Menu020	フォア＋回り込みフォア
52 ———	Menu021	フォアの強打＋下がってのバックつなぎ
54 ———	Menu022	前後のボールを繰り返しストローク
56 ———	Menu023	前後のボールを繰り返しストローク（逆バージョン）
58 ———	Menu024	ストロークのサイドbyサイド1

60	Menu025	ストロークのサイド by サイド2
62	Menu026	相手強打からのディフェンス
64	Menu027	3球連続の球出し　パターン①
66	Menu028〜029	3球連続の球出し　パターン②③
67	Menu030〜031	3球連続の球出し　パターン④⑤
68	Menu032〜033	3球連続の球出し　パターン⑥⑦
69	Menu034	3球連続の球出し　パターン⑧
70	Menu035	生徒同士のストロークラリー
72	column 2	プロになって世界を回ってみて

第3章 ラケット出しによるボレー基礎練習

74	Menu036	ボレー＆キャッチ
76	Menu037	フォアボレー、バックボレー連続ドリル
78	Menu038	ネットポジションでのフットワークドリル
80	Menu039	ファーストボレーの連続ドリル
82	Menu040	スイングボレーからネットへの連続ドリル
84	Menu041	ボレー＆スマッシュの連続ドリル
86	Menu042	アプローチからの連続ドリル
88	column 3	スペインドリルってどんな練習法？

第4章 プロも行う基本練習

90	Menu043	ウォーミングアップストローク
92	Menu044	ウォーミングアップストローク
93	Menu045	アングル・ミニテニス
94	Menu046	オールスライス
95	Menu047	ドロップショットラリー
96	Menu048	連続スマッシュ
97	Menu049	スマッシュ＆ロブ
98	Menu050	ボレー＆ストローク
100	Menu051	連続ボレードリル
101	Menu052	連続ボレー＆スマッシュドリル

102	Menu053	アプローチからのパターン練習
104	Menu054	アプローチからの耐久ボレー
106	Menu055	ボレー&ストローク
108	Menu056	ボレー&ストローク
110	Menu057	サーブからのリターン対応
112	Menu058	フォアの連続強打
114	Menu059	サイドに動いての連続ストローク
116	Menu060	オフェンス時のフットワーク
118	Menu061	ディフェンス時のフットワーク
120	column 4	テニスがうまくなる処方箋

第5章 プロも行う実戦的練習

122	Menu062	2対1ストローク
124	Menu063	1対2のボレー対ストローク
126	Menu064	1対1のクロスラリー
128	Menu065	1対1のライジングラリー
130	Menu066	1対1のパッシング
132	Menu067	1対1のドロップショット&処理
134	Menu068	2対1のアプローチ&ボレー
136	Menu069	1対1のアプローチ&ボレー
138	Menu070	2対2のストロークラリー
140	Menu071	2対2のボレー&ストローク
142	Menu072	2対2のボレー&ボレー
144	Menu073	1対1のバタフライラリー
145	Menu074	1対1のオフェンス対ディフェンスラリー

146	Menu075	1対1の制限ラリー
148	Menu076	1対1のオールスライス
150	Menu077	2対1のパターンラリー
152	Menu078	2対1の条件ラリー
154	Menu079	コート全面対コート半面のポイント練習
156	Menu080	球出しからのポイント練習
158	column 5	試合に強い選手、弱い選手

第6章 すぐに動ける体をつくる

160〜165		トレーニング（動的ストレッチ）
166	column 6	生徒と一緒に指導者も成長していこう

第7章 練習メニューの組み方

169	サーブリターンを強化する練習
170	ストロークラリーを強化する練習
171	バランスよく強化する練習
172	Q&A
174	おわりに

本書の使い方

本書では、写真やアイコンなどを用いて、一つ一つのメニューを具体的に、よりわかりやすく説明しています。写真や"やり方"を見るだけでも、すぐに練習をはじめられますが、この練習はなぜ必要なのか、どこに注意すればいいのかを理解して取り組むことで、練習への理解を深めてより効果的なトレーニングにすることができます。普段の練習に取り入れて、上達に役立ててみてください。

▶ 習得できる能力が一目瞭然
その練習メニューがどの能力の強化をねらったものなのか、また練習の難易度や実施回数や時間がわかります。自分に適したメニューを見つけて練習に取り組んでみましょう。

▶ なぜこの練習が必要か？
この練習がなぜ必要なのか？ 実戦にどう生きてくるかを解説。また練習を行う際のポイントや注意点も示しています。

そのほかのアイコンの見方

石井コーチのワンポイントアドバイス
掲載した練習をより効果的に行うためのポイントの紹介です

Variation
掲載した練習方法の他に、やり方を変えたバリエーションを示しています

コート図の見方

- ● 生徒
- ■ コーチ
- ▲ コーン
- → 生徒の動き
- ➡ ボールの動き

第1章

手出しによる基礎練習

この章では、手出しによるさまざまな練習メニュー紹介しています。
どれも基礎を固めるための大切な要素を含んでいます。
また、大人数で行う部活にも活用できるメニューや内容になっているので、
日々の練習に取り入れてください。

手出しによる基礎練習（ラリーを安定させる練習）

フォアとバックで打つときの体の捌き方を学ぶ

ねらい

Menu 001 フォア、バックの連続2球打ち

難易度 ★☆☆☆☆
回数 2球×10セット

習得できる技能
▶ Fストローク
▶ Bストローク
▶ ショットの安定
▶ フットワーク
▶ 正しい打点

やり方

センターに2列で並んで、1球目を打ったらセンターに戻って、コーンをタッチしてから2球目のボールを打つ。フォアを打ったら、反対サイドのバック側の列に回る。

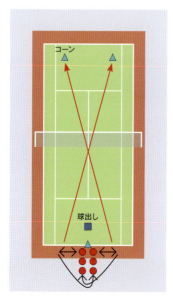

指導者向けアドバイス

手出しはリズム良く出すことがポイント。2球目は生徒が打てる場所に来てから出すのではなく、コーンに戻ってタッチしたときに出すと良い。また、ボールを出したときに、反対側の生徒を見るようにする。そうすることで手出しをしながら各生徒のフォームチェックすることができる。

1球目を打つ

反対サイドの球出しの間にセンターにかならず戻る

2球目のボールを打つ

? なぜ必要?

ボールと体の距離感をつかむ

これは手出しで行うごくごく基本的な練習法。ボールと体の距離感を意識しながら、もっとも力が入る打点で2本連続して打とう。

! ポイント

ターゲットをかならず置く

単純な球出しの練習でもかならずターゲットを置いて行うようにしよう。クロスをベースとしながら、ストレートにもねらって打つようにする。

Variation

遠くにボールを出す

Menu001の発展系ドリルとして横に動く距離を長くする。ボールに追いつくスピードだけでなく、戻るスピードも大事。選手のレベルを見ながら、ぎりぎりのタイミングでボールを追えるような球出しを心がけよう。

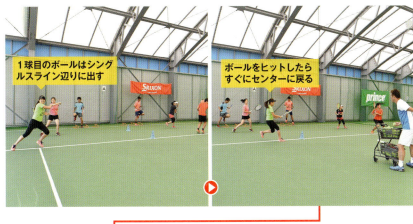

1球目のボールはシングルスライン辺りに出す

ボールをヒットしたらすぐにセンターに戻る

体勢を戻したタイミングで2球目を出す

2球目を打ったらそのまま逆サイドに移動

手出しによる基礎練習（ラリーを安定させる練習）

ボールに回り込むフットワークを学ぶ

ねらい

Menu 002 フォア、バックの回り込み2球打ち

難易度 ★☆☆☆☆
回数 2球×10セット

習得できる技能
▶ グランドストローク
▶ フットワーク
▶ 正しい打点
▶ ボールへの距離感

やり方

センターに2列で並んで、1球目をフォアで打ったプレイヤーは、2球目は回り込んでバックで。1球目をバックで打ったプレイヤーは、2球目は回り込んでフォアで打つ。

◀ⒶはFストロークはクロス、Bストロークはストレートをねらう。ⒷはFストロークはストレート、Bストロークはクロスをねらう。打ち終えたら、ⒶはⒷの列に並び、ⒷはⒶの列に並ぶ。

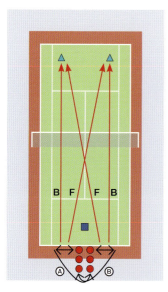

1球目の球出しはフォアハンドで打つ

センターコーンにタッチ

2球目の球出しはバックハンドに回り込んで打つ

なぜ必要？

体の横に
スイングスペースをつくる

ボールを打つときには体の横にスイングするスペースをつくることが大切。そのためにはボールの後ろに入るフットワークが必要不可欠となる。この練習でスイングスペースをつくるためのフットワークを学ぼう。

ポイント

回り込み方が大事

回り込んで打つ2球目のボールは、背中をサイドの壁に向けた状態でバックステップを行うように指導するのがポイント。

バックステップとは!?

回り込んで打つときに使うフットワークのこと。下の写真のように一歩目を前足より後ろに引くのがポイント。

Variation

アドサイドは2球ともフォアに回り込み

なぜ必要？ フォアハンドで打つ範囲を広げていく

将来的に武器にしてほしいのはフォアハンド。とくに身につけてほしいのはアドサイドのボールをフォアで回り込んで打つショット。

早い段階からバック側のボールもフォアに回り込む習慣を体に植えつけるのがこの練習のねらい。

アドサイドで1球目から回り込み

Point! 一歩目を前足より後ろに引く

バックステップを使って間合いをつくる

ボールを打つ

センターに戻って2球目のボールに備える

手出しによる基礎練習（攻撃と守りの練習）

前後に動くときのフットワークを学ぶ

ねらい

Menu 003 前後に動いての連続打ち

難易度 ★★★☆☆
回数 4球×10セット

習得できる技能
▶ チャンスボールの安定
▶ ディフェンス
▶ フットワーク
▶ 距離感の調整

やり方 センターに2列で並んで、2〜4球で前後の動きを入れながらフォアとバックを打つ。

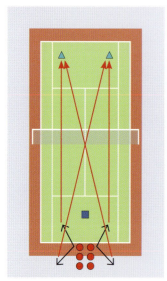

▲ 後ろに下がったときはクロス、前に動いたときはストレート。

指導者向けアドバイス

レベルに応じた球出しを意識しよう。単純な手出しの練習でも、選手を走らせる距離や、ボールを出すテンポを調整することで、初級レベルから上級レベルまで応用することができる。

1球目は短い球出し

2球目は深い球出し

ベースラインの後ろまで下がって打つ

？ なぜ必要？

短いボールと深いボールに対応する

実戦になったら定位置で打てる状況は限られる。実戦で相手が打ってくるボールは、浅かったり、深かったりするので、それに対応するための前後のフットワークをこの練習で学ぼう。

 軸足とは!?

ボールを打つときに後ろの置く足（軸足）。フォアなら右足、バックなら左足ということになる。「ボールの後ろに体を持ってきて！」というアドバイスは、軸足をボールの後ろに運ぶことを指す。

！ ポイント

テイクバックした状態で動く

前のボールも後ろのボールも、ただボールに追いつくだけなら簡単だが、追いつくのとスイングを同調させるのは大変。**ボールを追うときは、ラケットをすぐに引ける状態で走るのが重要なポイント。**

動くときはテイクバックした状態で

コートの中に入って打つ

ベースラインまで戻る

センターまで戻って、次の短い球出しに対応する

15

手出しによる基礎練習（攻撃と守りの練習）

前後に動くときの
フットワークを滑らかにする

Menu **004** 前後のボールに対する
フットワーク

難易度 ★★☆☆☆
回　数 6～10球×5セット

習得できる技能
▶ チャンスボールの安定
▶ 体重移動の確認
▶ ディフェンスの安定
▶ 右軸に乗って打つ
▶ 体の回転運動
▶ フットワーク

やり方

ベースラインのやや後ろにコーンを置いて、短いボールをFストロークで打つ。これを繰り返し行う。
生徒はコーンの後ろを通ってから前に動く。

[オフェンス時のフットワーク ➡ 短いボールがきたとき]

マーカーの後ろから回る

1対1で丁寧な指導ができるときは、マーカーを利用してフットワークのチェックを行おう。短いボールをコートに中に入って打った後は、写真のように、マーカーの後ろを回って体勢を立て直しながら連続で短いボールをヒットしてフットワークをつくる。

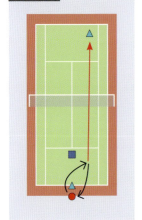

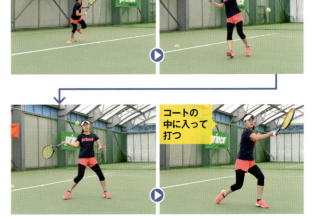

16

❓ なぜ必要？

実戦に必要不可欠なフットワーク

実戦はオフェンス（攻撃）とディフェンス（守備）の繰り返し。ベースラインから下がって打つときと、ベースラインの中に入って打つときのフットワークは当然違う。どちらも滑らかな動きにするためにマーカー（コーンでも可）を利用する。

❗ ポイント

オフェンスは体重移動、ディフェンスは右軸を作って回転運動

オフェンス（攻撃）は右足から左足へ体重移動をしながら打つ。ディフェンス（守備）は下がった状態で右軸をつくり、その右軸のキックを利用して体を回転させて打つ。オフェンスは体重移動、ディフェンスは体の回転を使うことで、どちらも重いボールになる。

[ディフェンス時のフットワーク ➡ 深いボールがきたとき]

深いボールがきたとき

マーカーの前から回る

深いボールに対しベースラインから下がって打ったときは、すぐにポジションを戻すのが基本。このときは、マーカーの前から回って体勢を立て直し、次にくる深いボールに対応するのが正しいフットワークとなる。

◀ ①で打ったら、そのまま下がって②の場所で、Fストロークを打つ。打ち終えたらコーンを回って再び①を打つ。

手出しによる基礎練習（ラリーを安定させる練習）

ねらい 左右に素早く動くフットワークを学ぶ

Menu 005　4球打ち+サイドステップ

難易度 ★★★☆☆
回　数 4～10球×5セット

習得できる技能
▶ ストロークのカウンターショット
▶ オープンスタンス
▶ サイドステップ
▶ クロスステップ

やり方

センターにコーンを置いて2列に並ぶ。
サイドに動いて打ったらかならずサイドステップを使って
コーンまで戻る。これを連続4球繰り返す。

? なぜ必要？

サイドステップを身につける

横に動いてボールを打ったらセンターに戻るのがテニスの正しいポジショニングの取り方。打ったら、戻り、打ったら、戻りを繰り返すことでサイドステップを習慣づけよう。試合ではシングルスでもダブルスでも、クロスコートに打って試合を組み立てるので、基本クロスを多く練習するのはOK。

◀ ストレートではなく、クロスに打つ。

ポイント
順番待ちの選手も後ろで動く

この練習に限らず、練習生が多いときは、後ろで順番待ちしている選手も素振りしながら同様の動きをするように指導しよう。

クロスステップとサイドステップとは!?

どちらもバックコートを左右に動くときに重要となるフットワークの名称。余裕がないときはクロスステップ、余裕があるときはサイドステップを使うのが基本。

2つのステップを身につけよう

石井コーチのワンポイントアドバイス

センターに戻るステップとしてはここに紹介しているサイドステップが基本ですが、サイドステップでは戻れないこともあります。そんなときに使うのが、サイドステップより素早く動けるクロスステップです。レベルに応じて、サイドステップだけでなく、クロスステップでの戻り方も練習していきましょう。

[サイドステップ]

ボールを打つ／正面を向いたまま／サイドステップを使って／センターまで戻る

[クロスステップ]

ボールを打つ／右足で蹴って／足をクロスさせながら／センターまで戻る

手出しによる基礎練習（チャンスから仕掛ける練習）

浅くなったボールを高い打点から叩く

ねらい

Menu 006 チャンスボールの連続ヒット

難易度 ★★★☆☆
回数 6～10回×5セット

習得できる技能
▶ チャンスボール
▶ 高い打点の確認
▶ スピードボール

やり方

センターに2列に並ぶ。球出しの短いボールを叩いたら、
センターポジションまで戻って、2球目の短いボールを強打。これを4～10球繰り返す。

◀ クロスラリーが何球か続き、相手から主導権をにぎって、オープンコートをつくって打つショットがストレートになるので、そのイメージを持ってチャンスボールをストレートに打つ練習をしよう。

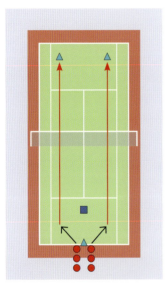

短いチャンスボールを出す

素早く打点に入る

高い打点でボールをヒット

20

❓ なぜ必要？

チャンスボールは攻撃的に打っていく

チャンスボールはベースラインの中に入って積極的に打つべき。ボールを待って守備的にボールを落としてつなぐのではなく、「短いボールは高い打点から攻撃する！」という意識を持とう。

フォアハンドの精度と威力を高めていく

フォアハンドが弱い選手は他のテクニックがいくら優れていても試合に勝ちにくい。試合に強いのは「ビッグフォアハンド」を持っている選手。この練習を繰り返し、どんな高さのボールでもフォアハンドで強打できるようになろう。

⚠️ ポイント①
ヒットする場所に体を素早く運ぶ

チャンスボールはできるだけ高い打点で叩くことが大切。ボールを落とさないために、ヒットするポジションまでダッシュで移動して、十分な構えから打つクセを身につけよう。

⚠️ ポイント②
打ちっぱなしにしない

ベースラインの内側からチャンスボールを叩くとウィナーになることがある。しかし、練習では打ちっぱなしにせずに、返球されたことを想定して連続で攻めることを考えよう。

⚠️ ポイント③
厚い当たりを身につける

打ったボールにスピードがあって強烈な回転もかかっているのが俗に言う「厚い当たり」。フォアハンドだけ連続して打ち続けることで、どうすれば厚い当たりになるのか、体で覚えることができる。

手出しによる基礎練習（当たりを良くする練習）

厚い当たりの
ストロークを身につける

ねらい

Menu 007 ノーバウンドヒット

難易度 ★★☆☆☆
回数 20～30球×3セット

習得できる技能
- ▶ 厚い当たりを覚える
- ▶ 素早いテイクバック
- ▶ 体の回転運動
- ▶ スイングスピード強化

やり方

フォアハンド、バックハンドで20～30球を目安にノーバウンドで連続ヒットする。

📢 指導者向けアドバイス

テイクバックを速くすることが目的なので、生徒のタイミングに合わせてボールを出すのではなく、生徒のインパクトと同時のタイミングで次のボールを出す。

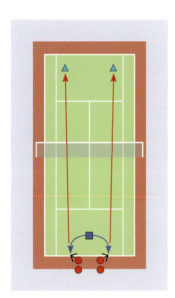

球出しと生徒の距離はこのくらい

山なりのボールを出す

ノーバウンドでボールをヒット

フィニッシュした瞬間にすぐ次のボールを連続して出す

2球目のボールをヒット

なぜ必要？

しっかり打てているか？ 確認作業ができる

時間を与えずにノーバウンドのボールを連続で打たせることで、素早いテイクバックを身につけることができる。また同時に、フルスイングでボールを叩くためには、体軸をしっかりとさせ、体幹を使って打つ必要がある。

ポイント

テイクバックが早くなる

連続でボールを打つことで、準備（テイクバック）が確実に早くなる。

体軸と体幹とは!?

体軸は頭の先からつま先までを結ぶラインのことを指し、これはまっすぐになっているのが理想。体幹は腹筋や背筋など、大きな筋肉群のことを指し、これがしっかりしていることで、体軸をキープすることができる。

Variation

下がりながら打つ

厚い当たりのストロークを身につけるためにこのノーバウンドヒットは効果的。写真のように下がりながら軸足をつくってしっかりとボールをヒットできる練習も付け加えて行おう！

ベースラインに構えた所から / 下がって打つ山なりのボールを出す

Point! バックステップして軸足をつくる / 強いトップスピンを打つために、軸足の位置を変えないで、上半身のひねりの力を使う

手出しによる基礎練習（守りに強くなる練習）
相手がネットを取ってきた状況で正確にパスを打つ

Menu **008** パッシング練習

難易度 ★★★☆☆
回数 1球×30セット

習得できる技能
▶ パッシングショット
▶ ランニングショット
▶ バランス

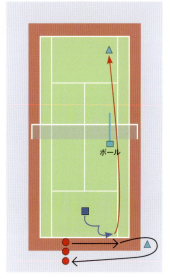

▲ 打ち終わったあと、コーンを回って戻ることで運動量も増え、ローテーションもスムーズになる。

 やり方

センターマークよりやや左側のバックサイド地点からスタートし、1人1球で交代してローテーションしていく。サイドの球出しボールをダウン・ザ・ラインにヒット。

センターポジションとは!?

バックコートで打ち合うときのポジショニングはセンターマークの後方に立つのがベース。左右に動いたときは素早くセンターポジションまで戻ることを意識しよう。

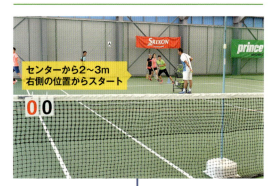

センターから2〜3m右側の位置からスタート

サイドラインに出したボールを

ストレートにパッシング

24

❓ なぜ必要？

ダウン・ザ・ラインへのパスを身につける

実戦で相手にネットポジションを取られたとき、強い選手はダウン・ザ・ラインに正確なパスを打てる。パスの基本コースとなる「ストレート」を球出しの練習で身につけよう。

⚠️ ポイント①

ターゲットを設定する

打つコースはストレート。ボールが落ちる所だけでなく、ボールを通す位置にターゲットポールを立ててねらいを明確にする。打つとき、ネットの1～2mの高さをねらうことを心掛けると良い。

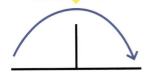

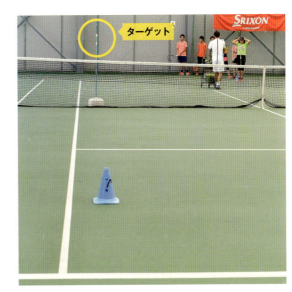

⚠️ ポイント②

クロスにパスするときのやり方

ダウン・ザ・ラインだけでなく、クロスに打つパスも練習しよう。デュースサイドでクロスへ打つときの球出し位置とターゲットの置き方は写真のようなものが基本となる。

▲ クロスにパスするときはボールが落ちる場所より、ネット上を通す場所を意識する。ターゲットはこのくらいに設定

▲ 極端なアングルショットでなくても抜けることを意識しながら練習しよう！

25

手出しによる基礎練習（ラリーを安定させる練習）

細かいフットワークを身につける

Menu **009** フットワーク&ストローク

難易度	★★★★☆
回数	4球×10セット

習得できる技能
- グランドストローク
- 細かいフットワーク

フォア

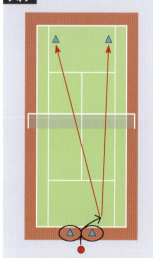

やり方

マーカーを2つ置いて、8の字を描くような細かいフットワークでマーカーを回り、短い球出しのボールをフォアハンドでヒットして次の生徒と交代。バックハンド側も同じように行う。

▲ コートに2列で入り、マーカーを指示通りに回って短いボールをヒットする

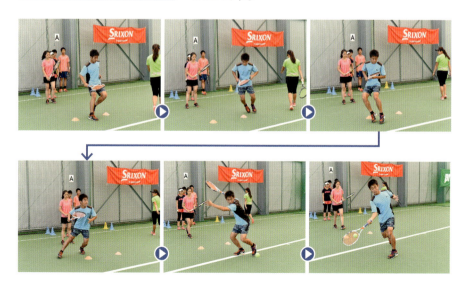

26

❓ なぜ必要？

ボールの後ろに入るフットワークを身につける

日本では横に動いて打つフットワーク練習は多いが、後ろに下がるフットワーク練習をあまり行わない。ここで紹介しているドリルではボールの後ろに体を入れないとボールがうまく打てない。そのためのフットワークを身につける練習と言える。

❗ ポイント

マーカーやコーンをうまく使おう！

フットワークドリルを行うときは、写真のようにマーカーやコーンの配置をつねに考えよう。マーカーを置くことで正確で細かいフットワークを身につけることができる。

やり方

マーカーを3つ置いて細かいフットワークで図のように回り、短い球出しのボールをフォアハンドボールでヒットして次の生徒と交代。バックハンド側もすぐにできるようならテニスに向いたフットワークの才能あり。

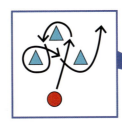
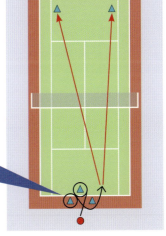

フォア

手出しによる基礎練習（ラリーを安定させる練習）

ねらい 深いボールに対応するフットワークを身につける

Menu 010　下がるフットワーク＆ディフェンスボール

難易度 ★★★☆☆
回数 8球〜10球

習得できる技能
▶ ディフェンス
▶ 軸足の決め方
▶ 体の回転運動

▲ コーンは、シングルスラインより約1ｍ内側の位置に置く

やり方

ベースラインに置いたマーカーの前からスタートして、1球目のボールを下がってフォアでクロスにヒット。すぐに元の位置に戻って、2球目はバックでストレートヒットを繰り返す（本来は一列で行う練習だが2列で行ってもOK）。人数が多いときはひとり10球。人数が少ないときはひと20〜30球くらいで繰り返す。

指導者向けアドバイス

コーンの位置を決めるときに真ん中をやや開いて置くようにしないと、真ん中に立ってボールを出す指導者に打ったボールが当たってしまうので気をつけよう。外側へ出すボールは、ダブルスラインを目安に投げることで、生徒の移動範囲が広がり、運動量を増やすことができる。

？なぜ必要？

ディフェンスに回ったときのフットワークとショットを学ぶ

実戦ではベースライン深くにボールを打ち込まれることがある。深いボールに対して素早く下がり、ヒッティングスペースをつくって対応するフットワークをこの練習で学ぼう。このとき必ず軸足を使って打つようにする。Fは右足、Bは左足を軸にして打つ。

この位置関係からスタート

フォア奥の深いボールをクロスに打つ

!ポイント
ベースラインからアウトするくらいのボールを出す

このドリルの球出しは、生徒に時間的な余裕を与えないことがポイント。出すボールはベースラインより後ろでOK。下がってディフェンスするときのフットワークをつくろう。また打つショットは、時間を稼ぐボールを考えよう。コーチは、両サイドに出すとき、ダブルスラインの後ろに出す。サイドのボールはクロスに打つ。中側のボールはF、Bともに逆クロスに打つと、コーチに当たってしまうので、かならずストレートに打つようにする。

時間を稼ぐショットとは!?

テニスで「時間を稼ぐショット」というのは、言葉を換えれば、「ポジションを戻すショット」と言える。具体的にはトップスピンを強くかけた中ロブ（滞空時間が長くバウンドも高い）をイメージしよう。

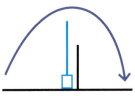

▲ ネットに目標物を置いてその上を越えてベースライン深くに落ちるボールをイメージさせる

元のポジションに戻る

バック奥の深いボールを出す

ストレートに打ったらすぐにポジションを戻して

次のフォア奥のボールを取りにいく準備を整える

手出しによる基礎練習（攻撃練習）

ねらい 浅くなったボールに対応するフットワークを身につける

Menu 011 コートの中に入るフットワーク＆チャンスボールヒット

難易度 ★★★☆☆
回数 6球×10セット

習得できる技能
▶ チャンスボール
▶ フットワーク

やり方

ベースラインに置いたコーンの後ろからスタートして、1球目の浅いボールをコートの中に入ってフォアでヒット。すぐに元の位置に戻って、2球目はバックでヒットを繰り返す（本来は一列で行う練習だが2列で行ってもOK）。人数が多いときはひとり6〜10球。人数が少ないときはひと20〜30球くらいで繰り返す。

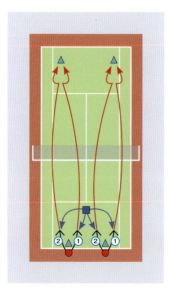

▲ 指導者のボール出す順番は、両方同じタイミングではなく、左→右→右→左のタイミングで出すと、生徒のフォームチェックができる。

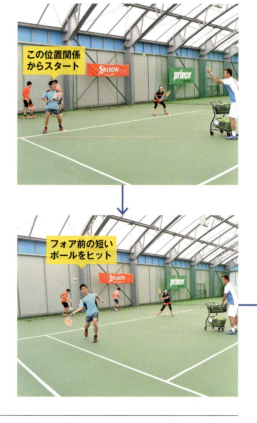

この位置関係からスタート

フォア前の短いボールをヒット

? なぜ必要？

オフェンスに回ったときのフットワークとショットを学ぶ

相手のボールが短くなったときは、ベースラインに留まることなく、積極的にコートの中に入ってウィナーをねらおう。チャンスボールが来たときのフットワークをこの練習で体に入れよう。

! ポイント①
高い打点で叩ける
ポジションに入る

これはチャンスボールをアタックするドリル。コートの中に入って打つときはできるだけ高い打点でボールを叩くのがポイント。繰り返しの練習でいちばん叩きやすい位置に体を運べるようにしよう！ボールに体の力が伝わるように、軸足（右）から踏み込み足（左）に体重移動して打とう。

! ポイント②
一列の場合は
打つ場所を指示

一発で決めるためには打つ方向を読まれないことが大切。タメの時間を一瞬つくれるようにしよう。このドリルを一列で行う場合は、ボールを打つ方向を直前で指示して、どちらの方向にも打てるようにしよう。

一発で決まらなかったことを想定してポジションを戻す

マーカーまで戻ったら

バック前に短いボールを出す

ヒットしたらまたマーカーまで戻って次のフォア前のボールを追う

手出しによる基礎練習（攻撃と守りの練習）

連続してボールを打つことで
ストロークを強化する

ねらい

Menu **012** 前進、後退しながらの連続打ち

難易度 ★★★★☆
回数 10球×5セット

習得できる技能
▶ 攻撃の体勢
▶ 守りの体勢
▶ 正しい打点
▶ フットワーク

やり方

写真の位置関係でスタート。コーチが出す球出しのボールを生徒は下がりながら連続してヒット。バックフェンスまで下がったら、今度は前進しながら打って元のポジションまで進む。

指導者向けアドバイス

指導者はカゴを抱えてボールを出しながら、前後に移動してボールを出す。このとき、生徒と指導者の距離感は一定を保つようにする。

ポイント①

後退して打つ場合は右足を軸に、前進して打つ場合は左足を軸に打つように心がける

下がってボールをヒット

ベースラインまで下がる

ベースラインから2〜3mまで下がって打つ

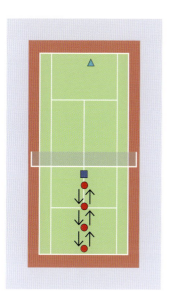

? なぜ必要?

素早く準備しながら
一定のリズムを刻んで打つ

連続してボールをヒットすることでストロークの強化を図ることができる。ポイントは後退しても、前進しても、同じ打点でボールをヒットすること。打つ準備が遅れると一定のリズムを刻めなくなるので、素早くテイクバックすることの大切さを体で覚えよう。

! ポイント②

球出しは同じリズムで

球出しは選手に合わせずにつねに一定のタイミングで出すようにする。もちろん生徒のレベルによって出すタイミングの緩急をつけるように。

前に移動してボールを打つ

さらに前に移動して踏み込んで打つ

33

手出しによる基礎練習（攻撃と守りの練習）

打点を変えても同じリズムで打てるようにする

ねらい

Menu 013　高低のボールを後退、前進しながらの連続打ち

難易度 ★★★★☆
回数 10球×5セット

習得できる技能
▶ 低い攻撃ボールへの対応
▶ 低い守りボールへの対応
▶ 重心を低くする
▶ フットワーク
▶ ヒザを使う

やり方

方法はMenu12と同じ。ただし今度は、後退するときのボールは膝下に出し、前進するときのボールは山なりに。後退するときはディフェンスを意識して、前進するときはオフェンスを意識して行う。

指導者向けアドバイス

P32と同じように、指導者は前後に移動しながらボールを出すが、生徒が後退するときは低いボールを出し、前進するときは高いボールを出してみよう。高さを調整することでより実戦的なメニューとなる。

[後退するときは低いボール]

低い球出しのボールに

体勢を低くして

ディフェンス重視でヒット

どんどん下がっていく

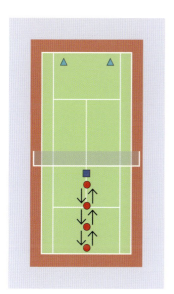

❓ なぜ必要？

自分の体勢によって打つボールを調整する

膝下の低いボールを後退しながら連続で打つときはディフェンスの意識。前進しながら高いボールを打つときはオフェンスの意識を持つことが大切。「このボールだったらどうしよう？」とつねに考えながら練習を行おう！

⚠️ ポイント

前進するときのローボールもあり

ネットに近づきながら低いボールを打つときは、スピン量の加減やスイング軌道の微調整が必要不可欠で、トップスピンを強化する練習になる。また、下がりながら高いボールを打つバージョンもあり。このときはトップスピンロブで高く弾むボールを打って対応する。

[前進するときは高いボール]

前進するときは山なりのボール

体重移動して重いボールを打つ

打点を落とさないように注意しながら

サービスライン辺りまで打ち続ける

手出しによる基礎練習（ラリーを安定させる練習）

左右と前後に動くときのフットワークを鍛える

ねらい

Menu 014 フットワーク練習

難易度 ★★★★★
回　数 4～6回×10セット

習得できる技能
▶ ストローク素振り
▶ フットワーク

[左右のフットワーク練習]

やり方

これは動く方向を指導者が指示する基本のフットワーク練習。センターマークにコーンを置いたところからスタート。生徒は指示に従って左右に動いて素振りしてセンターに戻る。コーチは指示が単純にならないような工夫をしよう。また、サイドステップとクロスステップの両方をしっかりと使い分けて行うようにしよう。先頭は4～6回動いたら最後尾に移動し、2番目が先頭になる。

? なぜ必要？

反復練習でストローカーとしてのベーシックなフットワークを身につける

フットワークは頭で考えるものではない。意識しなくても、前後左右に素早く動けるフットワークを反復練習で体に覚えこませていこう。

センターに1列で並ぶ

サイドラインを目標に走って素振り

単純に左右に動かすのではなく逆をつくような動きの指示も出す

36

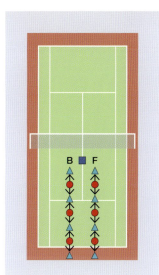

[前後のフットワーク練習]

やり方

左右のフットワーク練習だけでなく、前のボールを打つときのフットワークと下がって打つときのフットワーク練習も行う。前後のコーンの場所に移動して素振りをする。

生徒は2列で並ぶ

前に走る指示を出す / 素振りをしたら元のポジションに戻る

下がる指示を出す / 下がって素振りをしたら元のポジションに戻って次の指示を待つ

軸足を意識しよう

石井コーチのワンポイントアドバイス

「フットワーク練習で大切なのは、いい加減な素振りにしないことです。前に動くときも、後ろに下がるときも、軸足をしっかりつくり、100％でラケットを振り切るようにしましょう」

1 前に動いたときは軸足から踏み込み足（左足）にしっかり体重移動。 2 後ろに下がったときは、軸足（右足）に体重を乗せてから素振りをする

37

手出しによる基礎練習（ボレーのフットワーク練習）

ボレーポジションでのフットワークを鍛える

難易度 ★★★☆☆
回数 6回×10セット

習得できる技能
▶ ボレー素振り
▶ 左右のフットワーク
▶ 前後のフットワーク

Menu 015 フットワーク練習

やり方

ボレーをスタートするポジションにコーンを置き、生徒はその後ろで構える。
コーチの指示によって、フォアボレー、バックボレーの素振りを繰り返す。

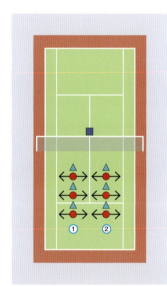

◀ ①のポジションから②のポジションまで動いてボレーの素振りを行い、②のポジションから①のポジションに移動して素振り行う。これを繰り返す。先頭は4～6回動いて素振りをしたあと最後尾に移動し、2番目が先頭になる。①と②の生徒のあいだは一定の距離を保つようにする。

ネットポジションで2列に並ぶ

動く方向の指示を出す
（写真はフォアボレーの指示）

元のポジションに戻ったら次の指示を出す
（写真はバックボレーの指示）

? なぜ必要？

ネットポジションでのベーシックな
フットワークを身につける

ボレー練習は球出しで行うケースが多いが、ボールがあると、「どうやってボレーしよう？」とテクニックのほうを意識してしまってフットワークが疎かになりがち。ネットポジションでもフットワークのみの練習を取り入れるようにしよう！

ポイント

元のポジションに戻る

ボレーで大切なのは、ネットに近くまで体を運ぶフットワーク。このときは2ステップをかならず入れるようにしよう。また、ボレーの素振りをしたらコーンの後ろを通り、再び前に動くことが大切。ネットポジションでの前後の動きをこのフットワーク練習で身につけよう。

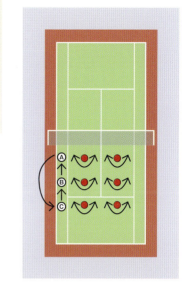

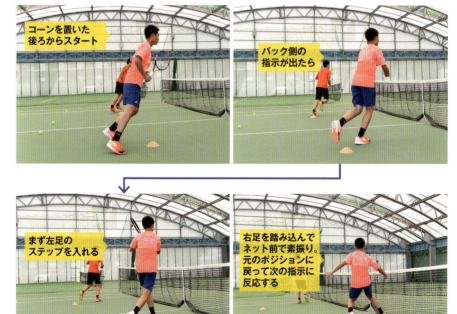

コーンを置いた後ろからスタート

バック側の指示が出たら

まず左足のステップを入れる

右足を踏み込んでネット前で素振り。元のポジションに戻って次の指示に反応する

手出しによる基礎練習（ラリーを安定させる練習）

横に動いて打つときのフットワークを強化する

ねらい

Menu 016　サイドに出たボールのフォア連続打ち

難易度 ★★★☆☆
回数 10球×3セット

習得できる技能
▶ グランドストローク
▶ 正しい打点
▶ フットワーク
▶ サイドへの動き

やり方

1列に並べたマーカーの後ろからスタート。サイドに出たボールに対し、横に動くときのフットワークを使いながら、どんどん前に動いて打つ。また、2列で行う場合は、バックハンドストロークを打つ練習にすると良い。

指導者向けアドバイス

素早い動きを習得させるために、2球目の球出しのタイミングは、コーンを回ってからではなく、コーンを回る直前のタイミングで出す。そうすることで生徒の動きのスピード強化につながる。

基点となるマーカーからスタートして1球目のボールをヒット

2つめのマーカーを後ろから回りながら

2球目のボールを打つ準備が整ったら

サイドのボールを出す

40

▲ 前に進んで後ろに戻るを繰り返す。1人10球が目安。

❓ なぜ必要？

「打ったら戻る」。基本のフットワークを身につける

横に動いて打つショットで大切なのは、打ちっぱなしにしないこと。マーカーを置いて連続して打たせることで、打ったら戻る→打ったら戻るという基本のフットワークを身につけることができる。

⚠️ ポイント

大人数でも対応可能

先頭の生徒にボールを出して2列目、3列目の生徒は素振りという形にすれば、大人数の練習にも対応できる。もちろん、2列にして、右の列の生徒はバックハンドで同じことを行ってもOK。

▲ 先頭の生徒が10球打ったら2列目の生徒と交代。先頭の選手は最後列に回って素振り

▲ 2列にして、左側の列はフォアハンド、右側の列はバックハンドで行う

手出しによる基礎練習（攻撃の練習）

将来の武器となる回り込みフォアハンドを強化する

ねらい

難易度	★★★★☆
回数	10球×3セット

習得できる技能
▶ 回り込みフォア
▶ バックステップ
▶ ボールとの距離感

Menu 017 回り込みフォアの連続打ち

やり方

Menu16と同様に1列に並べたマーカーの後ろからスタート。バック側のボールをフォアに回り込んでヒット。ポジションを戻したら2球目のボールをヒット。連続して打っていく。

基点となるマーカーからスタート

1球目のボールをフォアでヒット

打ち終わったら2つ目のマーカーの後から回って

2球目のボールもフォアに回り込む

? なぜ必要？

フォアに回り込む フットワークを強化する

バック側にきたボールをフォアに回り込むことができれば打つコースが広がる。やさしい手出しのボールで回り込むときのフットワーク練習をかならず行おう！

! ポイント

背中を横に向けてバックステップ

素早く肩を入れてテイクバックをした状態で、バックステップでボールの打点に入ると良い。このとき、背中を横に向けたままバックステップで動くことがポイント。

回り込みを習慣化する

石井コーチの ワンポイントアドバイス

体の右側に来たらフォアハンド、左側に来たらバックハンドという意識が強いと平凡な戦い方しかできません。将来の武器となるのは、バック側に来たボールをフォアに回り込んで打つショットです。回り込みのフォアをうまく打つためには独特のフットワークが必要です。早い段階から手出しのボールで繰り返し練習して回り込む習慣をつけましょう。

[回り込みの基本フットワーク]

回り込んでボールを打ってポジションを戻したら

マーカーの前から

細かいステップで後ろに回って

軸足をしっかりとつくってボールを打つ準備を完了。これを連続で行う

43

手出しによる基礎練習（スマッシュのフットワーク練習）

スマッシュを打つときのフットワークを鍛える

ねらい

Menu 018 フットワーク練習

難易度 ★★★☆☆
回数 10回×5セット

習得できる技能
▶ スマッシュ素振り
▶ フットワーク

やり方

写真のようなポジションでロブが上がったことを想定してスマッシュの素振りを行う。
コーン前からスタートして打ち終えたら、コーンの前を通って逆側でスマッシュの素振り。これを繰り返す。

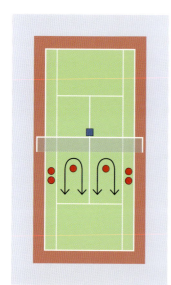

▲ コートに2列で入って、順番待ちの生徒は横で待機

◀ ネットをタッチしてスマッシュを、5～10回繰り返し行い交代する。ネットからサービスラインまでスマッシュ素振りを行うと、動きが多くなって、より良いフットワークが身につくので頑張ろう。

ネットポジションからスタート

頭の後ろにロブが上がったことを想定してボールの下に体を運ぶ

スマッシュの素振りを入れたらまた元のポジションに戻って繰り返す

なぜ必要？

後ろに下がって打つフットワークを身につける

実戦では前に踏み込んで打つスマッシュの場面はそれほど多くない。スマッシュで身につけてほしいのは、後ろ下がって打つジャンピングスマッシュのテクニック。まずは、半身になったまま後ろに下がるしっかりとしたフットワークをつくろう！

Variation

下がって素振りをくり返す

写真のようにコーンを3つ並べて連続してスマッシュの素振りを行う。ベースラインの後ろにある3つ目のコーンで素振りをしたら、すぐに1つ目のコーンまで戻って素振りの繰り返し。運動強度がとても高いフットワークドリルなのでレベルが高い生徒で行おう！

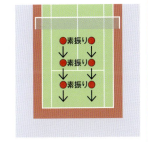

1つ目のコーンで素振りが終わったらそのまま2つ目のコーンまで下がる

ジャンピングスマッシュの素振りを入れる

さらに3つ目のコーンまで下がる

手出しによる基礎練習（フットワーク練習）

休んでいる時間、見学している時間を有効利用する

ねらい

難易度 ★★☆☆☆

習得できる技能
▶ フットワーク
▶ ジャンプ力
▶ フィジカルアップ

Menu **019** 練習を工夫しよう

やり方

ボールを打っている生徒の後ろで素振りをしたり、トレーニングをしたりする。

[大人数の練習は3列で]

① 1列目の生徒はボールを打つ
② 2列目の生徒は素振り
③ 3列目の生徒はトレーニング

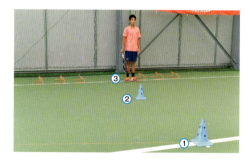

[1 手作りのジャンプ台]

これはコーンを利用した手作りのジャンプ台。手作りの場合は、足を引っかけてもケガをしないような工夫をしよう

46

❓ なぜ必要？

ボールを打っていないときでもうまくなることは可能

大人数の部活になると一人の生徒が打つボール数は限られてしまう。しかし、同じドリルを行うときに、順番待ちの後ろの生徒に素振りをさせたり、さらに後ろの生徒にはトレーニングをさせるような工夫はできるはず。ここで紹介しているトレーニング器具はどれも安価なもの。部で用意して練習に役立ててほしい。

[2 フットワーク器具]

これはフットワーク用。とくにテニスで大切なサイドステップの動きはつねに練習させるようにしよう！

[3 ラダー]

ラダーはさまざまなトレーニングに使うことができる。コートの後ろのスペースが空いているならぜひ活用したい

47

column 1 　同学年のライバルは全員日本チャンピオン

　みなさんは、テニス界の「高校三羽烏」って言葉を聞いたことありますか？ 1980年代後半に、それは強い、強い高校生3人が揃っていて、彼らに付いたニックネームが「高校三羽烏」でした。その中の一人、谷沢英彦選手は高校3年生で全日本選手権のシングルスに優勝。松岡修造選手の後継者と言われたものです。

　谷澤選手、増田健太郎選手、山本育史選手の「三羽烏」は全員デ杯選手になっています。また、増田選手、山本選手は、全日本のシングルスで優勝2回ずつを記録。3人で5度も全日本を制しているわけですから凄い才能が集まった年代だったと言えるでしょう。

　その3人と同学年だったのが僕です。そして、小学生時代、もっとも才能があると言われていたのも……僕だったのです。僕は体も大きく、ボールを強く叩く能力は図抜けていて、真面目に

「世界で一番速いボールを打てる」と思っていました。そのまま成長すれば、「高校三羽烏」ではなく、「高校四天王」と呼ばれていたのではないでしょうか（笑）。そうならなかったのは、無理打ちの強打で中学・高校時代に腰を痛めてしまったからです。

　当時は、ジュニア年代の指導法も体のケアも確立されていませんでした。ただ、ただ、ボールを強く打つことだけを考えて練習していたので体がついていかなかったのでしょう。はっきり言って、僕のピークは小学生でした。小学5年生のときには、インカレベスト8の選手に大会で勝利したこともありました。もし、その頃の僕が、大人になった僕の指導を受けていたら、もっと、もっと強い選手になっていたのではないかと思います。そんな反省を含めて、いまはジュニアや若手プロの指導に当たっているところです。

第2章
ラケット出しによる基礎練習

この章では、ラケットを使った球出しによるストロークの基本的な練習メニュー紹介しています。
メニューは難しいものではありませんが、うまくなるための要素を凝縮しています。また、受ける側だけでなく、出す側のポイントも併せて紹介しているので、指導者の方もぜひ参考にしてください。

使えるストロークを身につける（フォアで攻める練習）

フォアでつくり、回り込みフォアで決める

Menu 020　フォア＋回り込みフォア

難易度 ★★★☆☆
回数 20～30球×3セット

習得できる技能
▶ 守りと攻撃のコンビネーション
▶ 守りのクロス下ストローク
▶ 攻撃逆クロス下ストローク

やり方

コートのセンターに入り、①球目はフォアで相手コート深くに打ち、②球目の浅く出たボールはフォアに回り込んでウィナーを打つ。これを20～30球繰り返す。

▲センターに1列で入って球出しはここから

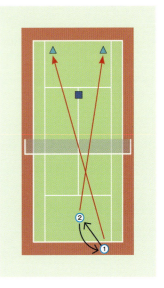

？なぜ必要？

チャンスボールはフォアで決める

1球目のボールで相手を追い込んだら2球目はフォアに回り込んで仕留める、というアグレッシブなプレイスタイルをこの練習から身につけていこう。

！ポイント

チャンスボールはフォアで回り込む

相手を追い込んだボールがフワフワとバック側に来たら、すぐにフォアに回り込む習慣を体に植えつける。フォアの回り込みウィナーは将来の武器になるショットなので早い段階から回り込むクセを身につけさせよう。また、打ち込んだボールが返ってきたケースも想定して、このパターンを連続で繰り返すことが大事。

◀ 1球目のフォアは深いボールをクロスに打つ

◀ 2球目は相手の返球が甘くなったことを想定して出す

◀ チャンスボールをフォアに回り込んで逆クロスに打つ

◀ 思い切り打ち込んだら、そこで終りにせずに、またフォアの深いボールを出す

51

使えるストロークを身につける（攻撃と守りの練習）

ねらい フォアで決め損なったときに、バックでイーブンに戻す

Menu 021　フォアの強打＋下がってのバックつなぎ

難易度 ★★★☆☆
回数 20～30球×5セット

習得できる技能
- ▶ Bストロークディフェンス
- ▶ Fストローク攻撃
- ▶ フットワーク
- ▶ 正しい打点

やり方

コートのセンターに入り、①球目の短い球出しをフォアで強打。相手が返球してきたことを想定して②球目はバック側に深いボールを出す。これを20～30球繰り返す。

▲センターに1列で入って球出しはここから。2球1セットのボールを連続して出す

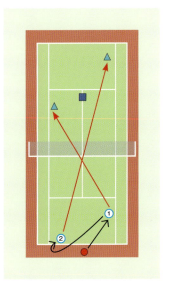

▲1球目はフォア前の浅いボールを強打　　▲2球目はバック奥に深いボールを出す

なぜ必要？

チャンスボールを決め損なったときの対応を学ぶ

1球目のボールで相手を仕留め損なうと、自陣には大きなオープンスペースができているので反撃を許しがち。後ろに下がらされたときの対応をこの練習で学ぼう！

ポイント

下がりながらでも効果的な返球を考える

実戦ではチャンスボールでも一発で決まらないパターンが多い。返されたらオープンスペースが大きいので、すぐにディフェンスに回らなければいけない。そんなときにどんなボールを打てばイーブンの状態に戻すことができるのか、この練習で学ぼう。

Extra

逆バージョンもかならず行う

1球目をバック前で打ったら

2球目はフォア奥のボールをつなぐ

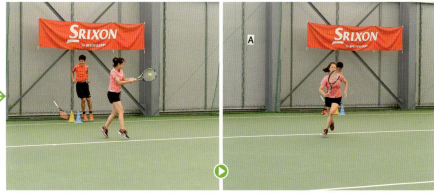

▲ バック奥でつなぎのボールを打ったら

▲ 3球目はまたフォア前に浅いボールを出す。これを繰り返す

使えるストロークを身につける（ラリーを安定させる練習）

難易度 ★★★★☆
回数 16～20球×5セット

ねらい ディフェンスから オフェンスへの切り替えを学ぶ

習得できる技能
▶ 攻撃の使い分け
▶ 前後左右のフットワーク
▶ 正しい打点

Menu 022 前後のボールを繰り返しストローク

やり方

センターに1列で入り（コートを半面ずつ使って2列でも可。写真は2列バージョン）、フォア後ろ、フォア前、バック後ろ、バック前の球出しを連続でヒット。20～30球繰り返す。

▲ 球出しのポジションはここ。2列で入った生徒に、前後のボールを4球連続で出す。これを繰り返し行う。1対1で、真ん中から出す練習もOK。

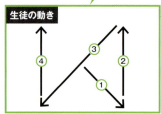

生徒の動き

？ なぜ必要？

攻守の切り替えをスムーズにする

実戦では、チャンスボールを叩くオフェンスの場面と、厳しいボールをしのぐディフェンスの場面が連続的に生じる。ここで紹介するMenu22と次ページの23の練習で、攻守の切り替えと、前後への体の運び方を学ぼう。

！ ポイント

球数を多くして動きを体にしみ込ませる

このMenu22と次ページのMenu23の練習は、ジュニアでは20～30球を目安に、プロの場合は50～100球で行っている。基本は、4球1セットのヒッティング練習だが、それを何セットも繰り返すことが大切なポイント。

◀ 1球目はフォアの深いボール

◀ 2球目はフォアの浅いボール

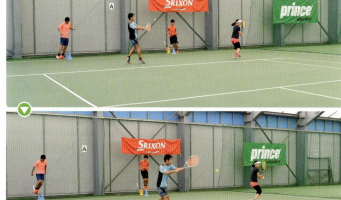

◀ 3球目はバックに深いボール

◀ 4球目はバックに浅いボール

安易なミスはしないように！

石井コーチのワンポイントアドバイス

すごく簡単なドリルでも30球連続失敗しないで行うことは大変です。集中を切らさないためには、途中で失敗したらゼロから再スタートするという方法があります。相手を追いつめて最後の一本でミスするのが下位の選手です。上位の選手はそこでミスはしません。集中力が高いからです。

使えるストロークを身につける（ラリーを安定させる練習）

難易度 ★★★★☆
回数 16〜20球×5セット

ねらい オフェンスから ディフェンスへの切り替えを学ぶ

習得できる技能
▶ 攻撃と守りの使い分け
▶ 前後左右のフットワーク
▶ 正しい打点

Menu 023 前後のボールを繰り返しストローク（逆バージョン）

やり方

センターに1列で入り（コートを半面ずつ使って2列でも可。写真は2列バージョン）、バック前、フォア後ろ、フォア前、バック後ろ、の球出しを連続でヒット。20〜30球繰り返す。

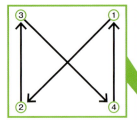
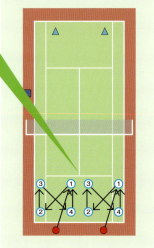

指導者向けアドバイス

本来は1対1で行うスペインで代表的なドリルだが、1面に入る人数が多い日本では、1対1の練習はほかの生徒の待ち時間が長くなってしまうので、4球の球出しを2列（8球）にして行い、大人数でもできるようにする。このとき、1対1で行うときと同じ運動量で行うように、両ダブルスラインの外側まで目一杯使おう。

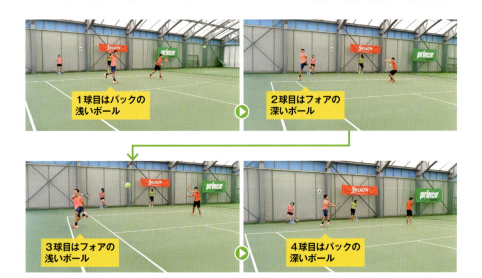

1球目はバックの浅いボール

2球目はフォアの深いボール

3球目はフォアの浅いボール

4球目はバックの深いボール

❓ なぜ必要？

攻守の切り替えをスムーズにする

実戦では、オフェンスからディフェンス、ディフェンスからオフェンスの切り替えが必要。一方向だけの練習をしていると逆の場面で体がすぐに動かないので、「守から攻（前ページ）」だけでなく、かならず逆バージョンの「攻から守」の練習も取り入れるようにしよう。

やり方

Menu23は、フォアとバックを交互に打つパターンだが、実戦ではフォア→フォア→バック→バックで打つ場面も生じる。Menu23の別バージョンとして、フォア奥、フォア前、バック奥、バック前のパターンも取り入れよう。

⚠️ ポイント

つねにテイクバックをした状態で前後、ななめに移動して打つ

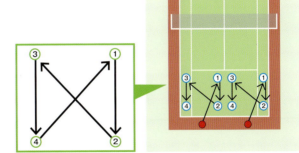

1球目はフォアの浅いボール　　2球目はフォアの深いボール

3球目はバックの浅いボール　　4球目はバックに深いボール

使えるストロークを身につける（フットワーク練習）

横に動いて打ったらすぐにポジションを戻す

難易度 ★☆☆☆☆
回数 10球×5セット

習得できる技能
▶ 左右のディフェンス
▶ フィジカルアップ
▶ フットワーク

Menu 024 ストロークのサイドbyサイド1

やり方

2列でコートに入り、フォア側の生徒がフォアを打つときは、バック側にいる生徒も横に動いてフォアの素振り。バック側はその逆を行う。全体の動きはワイパーのようになる。これを10～20球繰り返す。

▲球出しはここから。サイドのボールはセンター側にいる生徒が打つ

なぜ必要？

振られたボールに対応するフットワークをつくる

サイドに大きく動くときのフットワークとポジションを戻すときのフットワークを繰り返しの動きの中で身につける。

ポイント 大人数に対応できるドリル

大人数のときには2列目、3列目もつくる。2列目、3列目の生徒もボールを打っているプレイヤーと同じ動きをする。後ろでただ順番待ちせずに、その時間も素振りやトレーニングをしながら待つような工夫をコーチは心がけよう。

Extra

球出しのテンポを変える

この練習では、球出しのテンポをゆっくりにすれば、サイドステップで戻れるし、早くすればクロスステップでないと間に合わない。どちらのステップもうまく使えるように、コーチは生徒のレベルを見ながら球出しのテンポを考えよう。

◀ 2列にコートに入ってスタート

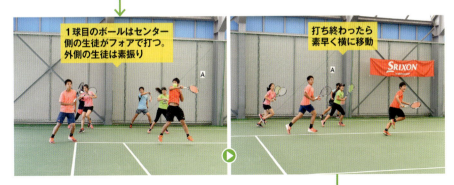

1球目のボールはセンター側の生徒がフォアで打つ。外側の生徒は素振り

打ち終わったら素早く横に移動

2球目のボールはセンター側の生徒がバックで打つ。外側の生徒は素振り

3球目のボールはフォアサイドに。2人の走るスピードが揃わないと練習にならないので注意

使えるストロークを身につける（ラリーを安定させる練習）

2種類のフォアハンドを連続して打つ

ねらい

Menu 025 ストロークの
サイドbyサイド2

難易度 ★★★☆☆
回数 20～30球×5セット

習得できる技能
▶ Fストローク
▶ 深いスピンボール
▶ ボールとの距離感

やり方

2列でコートに入り、サイドに出た1球目のボールを横に動いてフォアでヒット。ポジションを戻して

2球目のボールはフォアに回り込んでヒット。この動きを20～30球繰り返す。

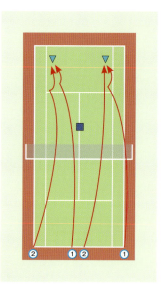

📢 指導者向けアドバイス

①と②の幅を広くすることで運動量が増える。両サイドへのボールはダブルスラインを目安に出そう。注意点は、センターの①と②のあいだが狭いと生徒同士がぶつかってしまう。サイドを幅広く使うことでセンターのあいだを開けよう。

2列にコートに入って
ここからスタート

？ なぜ必要？

フォアハンドの打球範囲を広くする

コートの左サイドで相手を追い込むボールを打ったら、次の甘い返球もフォアに回り込んで決めるクセを体に覚えさせる。ポイントは2球目を打つときの回り込みフットワーク。スイングスペースをつくれるように早いタイミングで回り込もう！

左列の生徒がサイドのボールをヒット

生徒のレベルによって球出しを調整する

石井コーチのワンポイントアドバイス

Menu24やMenu25のように横への動きを同調させる練習法は「ワイパードリル」と呼ばれるものです。この練習でポイントとなるのは、同時に入った2人のレベルを合わせるという点です。レベルや体力差があるとうまく同調させることができないので注意してください。また、レベルが高い2人を先頭の置くことで、2列目、3列目で素振りを行う生徒は、「こんなに素早く動かなければいけないんだ！」ということに気づくことができます。

ポイント
テイクバックをしたままボールを追いかける

サイドにボールを追いかけるときや、バックステップで回り込むとき、テイクバックをした状態で動くことによって無駄がなくなり、ショットの安定感が出る。また、ネットを通す場所も一定にすることが大切。

ヒットした生徒が戻るタイミングで右列の生徒がヒット

左列の生徒がフォアに回り込むボールを出す

回り込みのフォアを打つタイミングで右列の生徒が回り込むボールを出す

右列の生徒が回り込みのフォアを打ったタイミングで最初のボールに戻る。これを繰り返す

61

使えるストロークを身につける（守りに強くなる練習）

ねらい フォアに追い込まれた状況を挽回する

Menu 026 相手強打からのディフェンス

難易度 ★★★★☆
回数 1人10セットが目安

習得できる技能
▶ クロスコートディフェンス
▶ ラリークロス
▶ フットワーク

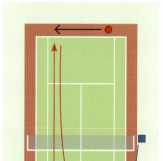

やり方
コートの両サイドで図のように1列で入り、最初の球出しを相手がストレートに強打してきた所からスタート。反対サイド（写真手前）の生徒はそのボールをクロスに返球してからラリーに入る。ボールが切れたら次の生徒と入れ替わる。

▲ 球出しのボールを相手が強打してきた状況からスタート

❓ なぜ必要?

クロスに厳しいボールを打たれたときのディフェンスを学ぶ

通常の1対1のラリーではなく、追い込まれた状況からラリー戦に持ち込むのがねらい。クロスに走らせられたとき、どうすればイーブンの状況に戻せるのか、そのショットのバリエーションやフットワークをこの練習から学ぼう。

⚠ ポイント

不利な状況からスタート

これは球出しのボールを打つ生徒が圧倒的に有利なドリル。オフェンスから入る生徒はエース狙いでOK。ディフェンス側の生徒は不利な状況からどんなボールを返せばイーブンに戻せるのか学んでいく。

相手がボールをヒットした
タイミングで走り出す

ボールに追いついたら

◀ どんなボールを打てばイーブンの状態に戻せるか考えて返球。その後はラリー戦を行う

バックハンドの
ディフェンスからスタート

写真のようにお互いにデュースサイドからスタートすれば、ディフェンス側はバックでイーブンの戻すときの練習になる。「スライスで返球しなければいけない」という縛りを設けることもある。

人数やレベルに応じて決め事を変更する

石井コーチの ワンポイントアドバイス

通常このドリルは、ディフェンス側が返球したら、その後はどちらかがポイントを取るまで続けます。しかし、人数が多いときや、生徒のレベル差があるときはラリーにするよりも、1球ごとにローテーションしたほうが練習効果が上がります。コーチは臨機応変にメニューをアレンジするよう工夫してください。

63

使えるストロークを身につける（パターン練習）

実戦で起こりうる状況を想定する
ねらい

Menu 027 3球連続の球出し　パターン①
「クロス、クロス、ストレート」

難易度 ★★★☆☆
回数 20〜30球×3セット

習得できる技能
▶ コースの打ち分け
▶ Fアングルショット
▶ F深いクロス
▶ F深いストレート

！ ポイント①

1球ごとにセンターに戻るように心掛ける

やり方

1球目はフォアでクロスに深いボール、2球目はアングルショット、3球目はダウン・ザ・ラインでエースを狙う。人数が多いときはひとり3球で交代。人数が少ないときは3球10セットくらいで交代。

1　1球目はクロスの深いボール
2　2球目はクロスに角度をつけたボール
3　3球目はダウン・ザ・ライン
　＊①、②の打ち分けは任意で構わない

簡単にいろんな状況をつくることが可能

石井コーチのワンポイントアドバイス

3球連続の球出し練習は、いろんな状況を意図的につくることができます。例えばここで紹介している、クロス→クロス→ストレートのパターンは、ベースラインで主導権を握っている状況を再現した典型的な攻撃パターンです。設定を変えた練習法も以下のページに紹介するので、ぜひ普段の練習に取り入れてください。

▲ターゲットを置くだけでなく、打つエリアを明確にするとさらに練習効果が高まる

ポイント②
ターゲットの設定を明確に

球出しの練習を行うときは、打つ作業だけを考えて、どこに打つかということをついつい忘れがち。ここで紹介している3球連続球出しで大切なのは、ねらったコースに正確に打つこと。そのためにはかならずターゲットを置いて打つコースを明確にするようにしよう。

なぜ必要？
実戦的な打球パターンを学ぶ

実戦で現れるラリーパターンをシミュレーションする基本練習が3球連続打ち。このMenu27のクロス、クロス、ストレートは、学生からプロまで行っている典型的なドリル例。深さを変えたクロス+クロスで相手を追い込んで、ストレートに展開するというパターン。

Menu 028 3球連続の球出し　パターン②「クロス、回り込み逆クロス、ストレート」

やり方
1球目はフォアでクロスに深いボール、2球目は回り込みフォアでややショートに逆クロス、3球目はダウン・ザ・ラインでエースをねらう。

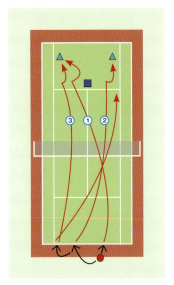

なぜ必要？
1球目で甘くなって返ってきたボールを想定し、2球目はフォアに回り込んでストレート。クロスに返したきたボールをダウン・ザ・ラインで決める。レベルが高い生徒なら、3球目を逆クロスのウィナーねらいでもOK。

Menu 029 3球連続の球出し　パターン③「クロス、回り込みストレート、バックでアングル」

やり方
1球目はフォアでクロスに深いボール、2球目はフォアの回り込みでストレート、3球目はバックでアングルをねらう。

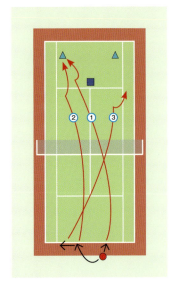

なぜ必要？
1球目で甘くなって返ってきたボールを想定し、2球目はフォアに回り込んでストレート。バック側に浅く返ってきたボールをアングルショットでエースをねらう。

Menu 030 3球連続の球出し　パターン④
「クロス、クロス、ストレート」

やり方

1球目はバックでクロスに深いボール、2球目はアングルショット、3球目はダウン・ザ・ラインでエースをねらう。

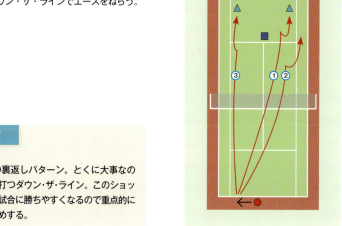

？ なぜ必要？

これはMenu29の裏返しパターン。とくに大事なのは3本目のバックで打つダウン・ザ・ライン。このショットの精度が高まると試合に勝ちやすくなるので重点的に練習することをお勧めする。

Menu 031 3球連続の球出し　パターン⑤
「クロス、クロス、回り込みストレート」

やり方

1球目はバックでクロスに深いボール、2球目はアングルショット、3球目はフォアに回り込んでダウン・ザ・ラインでエースをねらう。

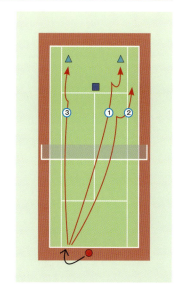

？ なぜ必要？

これはMenu30の3本目でフォアに回り込んだパターン。基本はダウン・ザ・ラインに決めるボールだが、レベルが高い生徒なら、3本目は回り込んで逆クロスに打たせるメニューも付け加えよう。

67

Menu 032 　3球連続の球出し　パターン⑥
「クロス、回り込み逆クロス、回り込みストレート」

やり方

1球目はバックでクロスに深いボール、2球目はフォアに回り込んで逆クロス、3球目は回り込みフォアでダウン・ザ・ラインをねらう。

なぜ必要？

1球目のバックのクロスで先手を取ったら、2球目はフォアに回り込んで逆クロスに深いボール、甘くなったボールが返ってきたと想定して、3球目も回り込みフォアでダウン・ザ・ラインに叩き込む。

Menu 033 　3球連続の球出し　パターン⑦
「回り込みフォア、回り込みフォア、回り込んでウィナー」

やり方

生徒はセンターに入り、バック側に来た球出しを3球連続でフォアに回り込んで打つ。①逆クロス②逆クロス③ダウン・ザ・ラインをねらう。

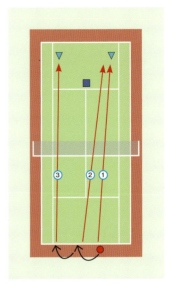

なぜ必要？

これは相手のボールが甘くなってきたことを想定して回り込みのフォアで攻め続けるパターン。1球目から3球目まで打つコースは任意。1、2球目のボールの効果をイメージしながら、3球目のウィナーにつなぐ。

Menu 034 3球連続の球出し パターン⑧「クロス、クロス、ストレート」

やり方

人数が多いときは2列になっても練習は可能。この場合は、左サイドの生徒はMenu27。右サイドの生徒はMenu30を行う。

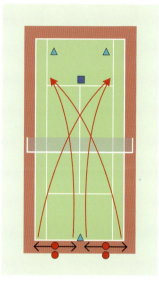

練習のための練習にしない

石井コーチのワンポイントアドバイス

球出し練習では『この練習は何のために行っているのか』というイメージがあるかどうかで練習効果がまったく違ってきます。つねに実戦を意識しながら、いまこの練習は何のために、どんな状況を想定して行っているのか、ということを考えましょう。

▲左サイドの生徒はフォアハンドでクロス→クロス→ストレートのパターン。左サイドの生徒はバックハンドでクロス→クロス→ストレートのパターン。打ち終わったら2列目の選手と入れ替わる

69

使えるストロークを身につける(ラリー練習)

大人数のストローク練習に対応する

ねらい

Menu **035** 生徒同士のストロークラリー

難易度 ★☆☆☆☆
回数 3〜5球×30セット

習得できる技能
▶ ストロークラリーの安定

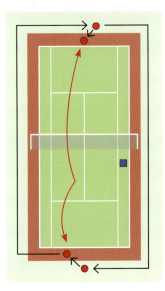

やり方

球出しからスタート。一人の生徒が3〜5球(人数によって任意)打ったら次の生徒交代。打った生徒は反対側のコートに移動する。ボールが切れたらコーチがすぐに次の球出し。

？ なぜ必要？

待ち時間を短く運動量を大きくする

大人数で練習を行う場合、生徒同士がラリーを行うと待ち時間が長くなってしまう。待ち時間を解消しつつ運動量を大きくするのがこのドリル。心拍数が上がったままの状態になるので、実際の試合に近い状態でボールを打つことになる。このメニューは2列でもできる。

打つ回数の目安

石井コーチの
ワンポイントアドバイス

この練習では待ち時間をなるべく少なくするのがポイントです。ボールを打つ回数の目安としては3球(6人以上)、4球(4〜5人)、5球(3〜4人)くらいが適当でしょう。コーチは生徒のレベルや体力によって随時アレンジしてください。

[1 コートの右サイドで]

[2 コートの左サイドで]

[3 コート全面で]

◀ 1〜3共通で、どんなボールを打てばイーブンの状態に戻せるか考えて返球。その後はラリー戦を行う

column 2　プロになって世界を回ってみて

　高校は、増田健太郎、谷沢英彦とともに強豪の相工大付属（現湘南工大付属）に進みました。その高校時代は高校選抜やインターハイ、国体など、団体戦では全国優勝を何度も飾りましたが、個人戦では優勝することはできませんでした。しかし、僕の中では「ケガさえ治れば……」の気持ちがあって、卒業後プロになることに迷いはありませんでした。

　それからはアメリカに渡って、そこを拠点に世界各国のサテライト（いまのフューチャーズ）転戦。ダブルスでは7度の優勝がありますが、シングルスでは戦績を残すことはできませんでした。ツアーを経験して改めて思ったのは、「世界には僕より凄いボールを打つ奴が普通にいる」ということ。日本での一番速いボールは世界では並のボールでしかなかったのです。

　その後、日本に帰国して、ジャパンオープン・ダブルスでボリス・ベッカー組に勝ったのが現役時代最高の思い出です。引退後は、「指導者になりたい」という気持ちが強くなり、地元の山梨に帰って、ISHII TENNIS ACADEMYを立ち上げ現在に至っています。

　このアカデミーで目指しているのは、僕が世界で目にしてきた世界標準の指導法で選手を育てるということです。本書のバックボーンには、ラファエル・ナダルを筆頭にスペイン勢が日常的に行っている「スペインドリル」の主旨を取り入れています。スペインドリルは難しいものではありません。それでいて確実に上達を見込める、なくてはならないドリルです。いまはジュニアだけでなく、本書のモデルとなってくれた、守谷総一郎、岡村一成、田沼諒太らの若手プロもアカデミーを拠点に練習を行っています。

第3章
ラケット出しによるボレー基礎練習

この章では、実戦で使えるボレーの練習メニューを紹介しています。ボールをヒットするときのテクニックが大切と思われているボレーですが、それよりもっと大切なのは、ネットポジションを取ったときのポジショニングやフットワークです。ここでは実戦で使えるボレーの練習メニューを紹介しているので、ぜひ参考にしてください。

実戦的なボレーを身につける（基本練習）

ボレーの感覚を身につける

難易度 ★★☆☆☆
時間 5分～10分

習得できる技能
▶ ボレーの基本
▶ 打点確認

Menu 036　ボレー&キャッチ

やり方

コートの半分幅で片方が投げたボールをもう片方はボレーで返球。合図があるまで続ける。1人が10球打ったら、投げる側と交代して、それを3～5セット繰り返し行う。

！ポイント

ボレーの打点は体より前にする

[A 放物線を描いて返球]

山なりのボールを投げる

ボールの下にラケット面を入れて放物線を描く球筋で相手の胸に返す

[B パンチを出して返球]

相手が投げたボールに対して

前にラケット面を押し出すようなボレーでパンチを出して返球

キャッチボール感覚で!

石井コーチのワンポイントアドバイス

この練習は野球で言うならキャッチボールみたいなものです。相手の胸に正確に返すことでボレーは確実に上達します。A、Bを難なくこなすようになったら、もっと距離を広げてロングボレーでも正確に返せるようになりましょう。このときに大切なのがMenu38で紹介する2ステップを入れたボレーです。

◀ フォアボレーなら右足で地面をしっかり踏んでから、左足の踏み込みをインパクトと同調させる

◀ バックボレーなら左足で地面をしっかり踏んでから、右足の踏み込みをインパクトと同調させる

✕ ここに注意!

後ろに重心が残っている

どんなときでも後ろ足に重心が残って行うボレーはNG。打った後はかならず前足に重心が移動していることを確認しよう。

後ろ足に重心が残っているのはNG

実戦的なボレーを身につける（基本練習）

ボレーをするときの基本的な動きを学ぶ

ねらい

Menu 037 フォアボレー、バックボレー連続ドリル

難易度 ★★☆☆☆
回数 10〜20球×5セット

▶ 決めボレー

習得できる技能

やり方

センターに1列で入り、フォアを打ったらコーンの後ろを通り、連続してバックボレーを打つ。1人10〜20球打ったら2列目の生徒と交代。

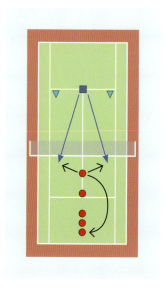

▲球出しのポジションはここ。1列で並んだ生徒に、フォア、バックのボールを交互に出す。慣れてきたらランダムな順番で出してもOK。

！ポイント

斜め前に飛び出す動きを確実に入れる

この練習を行うときは写真のようなポジションにマーカーを置いてスタートするのが大切なポイント。●のポジションから斜め前に飛び出してフォアボレーしたら、すぐにポジションを戻しコーンの後ろを通って、次のバックボレーに同じように飛び出して、これを繰り返す。ボレーの練習は、ネットにベタ詰めの場所で行っても意味がないので注意しよう。

ボレーでも素振りは有効

石井コーチのワンポイントアドバイス

単純なボレー練習は写真のように縦に1列に並んで行うのがお勧めです。2列目以降の生徒も球出しのボールに合わせて、自分がボレーするときの動きを再現します。ただ順番待ちしているよりも、素振りを入れたほうがはるかに効果が上がる練習法となります。

? なぜ必要?

ネットポジションでやさしいボールを確実にボレーで仕留める

ネットポジションでボレーするときに、苦手なサイドがあっては試合にならない。フォア、バックを交互に繰り返してボレーすることで、テクニックを磨くと同時にネットポジションでのフットワークも磨いていく。

このポジションからスタート

斜め前に飛び出してフォアボレー

ボレーポジションに戻ったら

バックボレーに飛び出す。これを連続して行う

実戦的なボレーを身につける（基本練習）

ボレーをするときの基本的なフットワークを学ぶ

ねらい

Menu 038 ネットポジションでのフットワークドリル

難易度 ★★★☆☆
回数 10回×5セット

習得できる技能
▶ Fボレー
▶ Bボレー
▶ 正しいフットワーク

やり方

ネットを挟んで2人が向かいあって、ボレーポジションからネット前に出てフォア（バック）ボレーの素振り。お互いの動きをリンクさせる。

▲ネットを挟んで2人が正面に立ち、前後のフットワークを繰り返す。

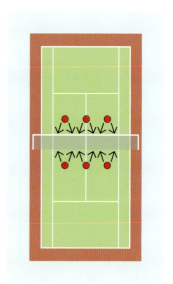

▶ボレーをしたあと、元の場所に戻り、再び前に移動してボレーを繰り返す。

このポジションからスタート　　一歩目で右足を踏み出して

78

? なぜ必要？

2ステップを入れた
フットワークを身につける

Menu37でも強調したように、ボレーポジションを取ったら斜め前に飛び出してネットの近くでボールをヒットすることが大切。その際の基本的なフットワークとなるのがここで紹介している2ステップボレー。このフットワークを素振りで練習しよう。

! ポイント

2ステップボレー

フォアボレーを打つときに、まず右足を踏み出して、インパクトに合わせて左足を踏み込むのが2ステップボレーの基本。このフットワークを使うとネットに近い場所でボールをヒットすることができる。

× ここに注意！

逆足にならないように

正しく2ステップを踏めないと逆足になってしまう。バックボレーでは、左足、右足と出るのが正しいステップ。写真のように、最後に左足が出るのはNGなので注意しよう。

これがNGの逆足

左足を踏み込む二歩目とインパクトを同調させる

すぐに最初のポジションに戻ってこの動きを繰り返す

実戦的なボレーを身につける（つなぎボレーの練習）

ネットに出たときのファーストボレーを学ぶ

ねらい

難易度 ★★★★☆
回数 10〜20球×5セット

習得できる技能
- ローボレー
- 体のバランスを覚える
- 踏み込み足の安定

Menu 039 ファーストボレーの連続ドリル

やり方

サービスラインうしろに2列で入り、1球目はフォアのローボレーをサービスラインの中で、2球目はバックのローボレーをサービスラインの中で連続して行う。1人10〜20球打ったら次の生徒と交代。

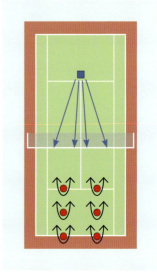

▲球出しのポジションはここ。2列でサービスラインに並んだ生徒はフォアのローボレー、バックのローボレーを交互に返球。

❓ なぜ必要？

ネットポジションを取ったときのファーストボレーを磨く

ネット前で打つボレーとベースライン付近で打つファーストボレーはまったく別のショット。相手コートまで距離がある場所で、さらにローボレーで正確につなぐファーストボレーを単体で練習しておく。

❗ ポイント

ボールの高さにラケット面を合わせる

ファーストボレーで大切なのは、ボールの高さに合わせてラケット面を準備すること。球出しは膝下辺りに出るので、そこで面つくるためには低い体勢が必要不可欠。腰高にならないように注意しよう。

ファーストボレーからセカンドボレーへ

石井コーチの ワンポイントアドバイス

ここではファーストボレーの練習を単体で繰り返し行っていますが、図のようにファーストボレーから、セカンドボレーにつなぐ練習法ももちろんアリです。ファーストボレーとセカンドボレーのあいだに、かならずスプリットステップを入れて、どちらにボールが来ても打てる状態をつくることが大切です。

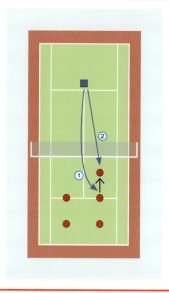

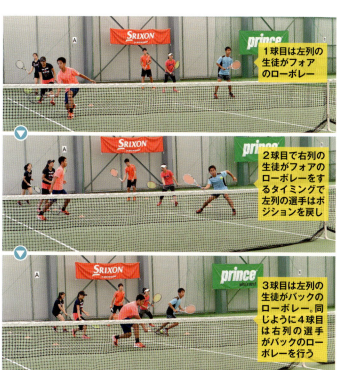

1球目は左列の生徒がフォアのローボレー

2球目で右列の生徒がフォアのローボレーをするタイミングで左列の選手はポジションを戻し

3球目は左列の生徒がバックのローボレー。同じように4球目は右列の選手がバックのローボレーを行う

実戦的なボレーを身につける（決めボレーの練習）

ねらい スイングボレーをアプローチに使う

Menu 040 スイングボレーからネットへの連続ドリル

難易度 ★★★★
回数 2球×10〜20セット

習得できる技能 ▶ 決めボレー

やり方
1球目の中ロブをスイングボレーでアプローチショットに。2球目のボレーで決める。

📢 **指導者向けアドバイス**
指導者はスマッシュを打たせるつもりで高いロブを出そう。

フォア側の中ロブの球出しをスイングボレー

そのままネットポジションを取って

2球目をネットに詰めてボレーで決める

なぜ必要？

ボールを落とさずに攻撃的に攻める

サービスラインの後ろ辺りにフラフラと上がってきたボールをバウンドさせてしまうと、相手に守るための時間を与えてしまう。ボール落とさずにスイングボレー＆セカンドボレーで攻撃的に攻める習慣を身につける。

ポイント①
胸の高さの打点でヒットする

ドライブボレーを胸の位置で打つことによって、ネットより高い打点になるため、ショットに安定感が出て、ミスの確立が低くなります。また、相手側に対しても低い打点で攻撃するより、高い打点からの攻撃のほうが効果的だ。

ポイント②
スイングボレーは中途半端なスイングにしない

空中のボールを叩くスイングボレーは難しいテクニックのように感じるが、慣れてしまえばそれほど難しいショットではない。大切なのは、入れようとして中途半端なスイングにしないこと。思い切り振り切る意識が大切だ。

両手打ちバックハンドなら

石井コーチのワンポイントアドバイス

バックハンドが両手打ちの選手なら、バック側に上がったボールを落とさずに、スイングボレーでアプローチショットに使いましょう。とくに回り込んでのスマッシュやバックハンドハイボレーが苦手という女子選手ならこのショットは絶対に使えるようにしたいところです。

バック側の中ロブの球出しをスイングボレー

そのままネットポジションを取って

2球目をフォアボレーで決める

実戦的なボレーを身につける（決めパターンの練習）

ボレーからスマッシュに連続する動きを学ぶ

Menu 041　ボレー&スマッシュの連続ドリル

難易度 ★★★★☆
回数 10～20球×3セット

習得できる技能
- Fボレー
- ジャンピングスマッシュ
- ネットへつめる感覚

やり方

センターに1列で入り、1球目はフォアボレー、2球目はスマッシュを連続して行う。
1人10～20球打ったら次の生徒と交代。

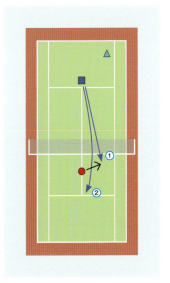

▲球出しのポジションはここ。1球目はフォアボレー、2球目は斜め後ろに下がってのスマッシュ。これを連続して行う

1球目は斜めに飛び出してフォアボレー

ボレーを打ったらロブに備えてスマッシュの準備

スマッシュは

ストレートと逆クロスを打ち分けるように

84

Menu41のレベルアップバージョン

石井コーチのワンポイントアドバイス

レベルが高い選手だったら、4球を1セットにした練習もあります。このときは、1球目はフォアボレー、2球目はラウンド側のスマッシュ、3球目はバックボレー、4球目はサイドに移動してのスマッシュの組み合わせにして連続で行います。

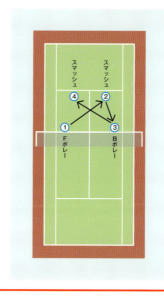

なぜ必要？

ボレーで追いつめて、スマッシュで仕留める

ボレーとスマッシュをミックスした練習法としては、前（ボレー）後（スマッシュ）を繰り返す「突き上げ」が一般的だが、より実戦的なのは、ここで紹介しているような、斜めの動きを入れた練習法と言える。実戦に即したネットポジションでの動きを磨いていこう。

ポイント

ボレーポジションとスマッシュポジションを確実に取る

Menu41はボレーとスマッシュを組み合わせた基本練習と言える。フォア前でボレー打ったら次はラウンド側のロブをスマッシュするのが写真のパターン。もちろん、バックボレーからスタートするパターンも行う。大切なのは、ボレーポジションとスマッシュポジションにしっかり入ること。終盤になるとポジションにしっかり入れなくなってくるので最後まで頑張るように！

実戦的なボレーを身につける（連続プレイの練習）

シングルスでネットに出たときのパターンを学ぶ

難易度 ★★★★★
回数 5球×3セット

習得できる技能
▶ アプローチショット
▶ 決めボレー
▶ ストロークディフェンス
▶ フットワーク

Menu 042 アプローチからの連続ドリル

やり方

ベースラインからフォアのアプローチでネットへ。フォアボレーを打ったら、中ロブで来たボールを、ベースラインに戻ってからワンバンドでBストロークで打つ。次に再びBストロークアプローチを打ってネットへ。バックボレーを打ったら、フォア奥に上げられた中ロブをワンバンドでつないで、またフォアのアプローチでネットへ、というパターンを3セット繰り返す。

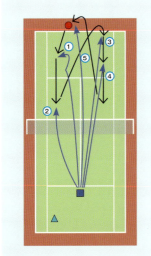

📢 指導者向けアドバイス

①アプローチ②ボレーをリズム良く球出しして、③⑤の中ロブはワンテンポ遅らせる。そうすることで、生徒がベースラインに戻ってから打つ時間をつくれる。

1球目の短いボールをフォアのアプローチショットに

2球目はフォアボレー

❓ なぜ必要？

ボレーが一本で決まらなかった状況を想定する

ベースラインからアプローチを打ってネットへ出てボレーで決めるという練習法はポピュラーなものだが、実戦ではボレーでは決まらないケースがよくある。相手にしのがれた場合の動きを連続した球出しで体感する。

運動量マックスの連続ドリル

石井コーチの ワンポイントアドバイス

これはシングルスコート全面を使った運動量が最大の練習法と言えます。しかし、レベルが高い生徒なら「打ったら終わり」でなく、「打っても返された」を想定した実戦的な練習はかならずやっておきたいところです。

ポイント①
流れの中でプレーする

アプローチショット→ボレー→ストロークディフェンスの流れのプレーの中で、とくに大切なのは、できるだけボールのうしろに素早く移動して、自分から攻撃的なボールを打つこと。ボールに合わせたスピードで動いてしまうと、各ショットのキレがなくなってしまうので注意しよう。

ポイント②
生徒のレベルに合わせた球出しを

写真のような連続ドリルで大切なのは、生徒のレベルに合った球出しをすること。簡単に捕れるボールやまったく捕れないボールはNG。捕れるか捕れないかギリギリのボールを出すことで生徒の能力を伸ばすことができる。

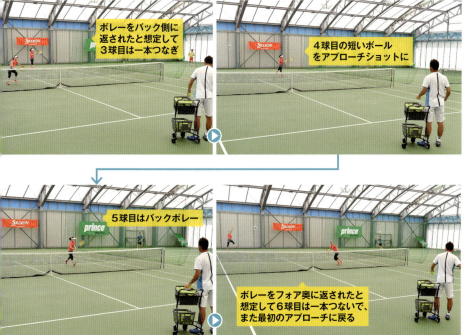

ボレーをバック側に返されたと想定して3球目は一本つなぎ

4球目の短いボールをアプローチショットに

5球目はバックボレー

ボレーをフォア奥に返されたと想定して6球目は一本つないで、また最初のアプローチに戻る

column 3　スペインドリルってどんな練習法?

「スペインドリル」って聞くと、何だか特別な練習法のように思うかもしれませんが、内容は実にシンプル。スペインでは昔から行われていたフットワークと体の使い方を覚える練習法です。ナダルを筆頭にスペイン出身の選手たちのフットワークが良くて、粘り強いプレイをするのは、子供の頃からこのドリルで育っているからです。

　内容的には、単純に同じ動作を何度も繰り返すのが特色です。フットワーク、身体の使い方、姿勢、バランス。それらを覚えるために、何回も、何回も繰り返し、理屈でなく、身体が勝手に動くようになるまで練習するのがスペインドリルの骨子と言えます。ドリル自体はけっして難しくありませんが、やり抜くためには根気が必要で、テクニックやフィジカルだけでなく、メン

タルも鍛えられるのがスペインドリル。このドリルを毎日の練習に取り入れれば、誰でもテニスのベースがしっかりするので、調子が良かったり、悪かったりすることなく、どんなときでも安定的なプレイができるようになります。

　また、スペインドリルを取り入れることで、ボールを打つときに正しい身体の使い方をするようになるのでスイングスピードが上がります。元々は、ディフェンス中心の考え方からスタートしたドリルでしたが、いまではオフェンス時にも使えるようなアグレッシブな方向の指導に移行しています。本書では数多くのスペインドリルの内容を取り入れたメニューを組み込んでいます。「この練習は単純だけどきついな〜」と思ったときは、それがまさにスペインドリルだと思ってください。

第4章

プロも行う基本練習

この章からは、プロが行っている練習メニューを紹介しています。
この章で紹介している基本練習は、
レベルが高い学生やジュニアも応用可能です。
少数精鋭で行う練習メニューとして、ぜひ活用してください。

プロも行う基本練習

オンコート練習に備えて体を暖める

ねらい

Menu 043　ウォーミングアップストローク

難易度 ★★☆☆☆
時間 5〜10分

習得できる技能
▶ ストロークの安定
▶ 打点の確認
▶ スピンボールの習得

やり方

[ミニテニス]
お互いにサービスライン後方にポジションして、軽くトップスピンをかけたボールで打ち合う。

▲ネットより1mほど高く返球してミスなく続けるようにする

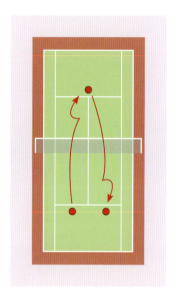

テーマを決めて練習に入ろう

石井コーチのワンポイントアドバイス

この章で紹介しているのは、3人から4人の選手で行う練習法です。モデルとなっている選手のレベルは高いですが、一般レベルのアマチュアの方にも参考になる内容だと思います。また、プロ選手といっても、一日中ボールを打っているわけではありません。通常の練習では、午前中2時間、午後2時間といったところが標準です。もちろん、その時間でこの章で紹介しているメニューをすべてこなせるわけではありません。『今日は何をやろう』と選手とテーマを決めながら行うのが普通です。

◀ 撮影時の練習は、選手3名+石井コーチで行っている。ウォーミングアップのときは選手のその日の調子や体の具合を見極めるのがコーチの仕事となる

やり方

[2対1]

2対1でベースラインにポジションして、トップスピンをかけたボールでゆっくり打ち合う。

▲ボールの回転を意識しながらミスなく続ける

▶ターゲットはベースラインとサービスラインのあいだをねらって打つ。70～80%の力でなるべく多くのラリーを続ける。10球以上を最低レベルにして、30球はクリアできるようにしよう。

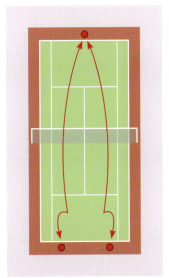

❓ なぜ必要？

自分の調子を確認する

ウォーミングアップは、体を暖めると同時に、その日のテニスの調子や体の具合を見極めるために も大事な時間。ゆっくりとしたボールで構わないので、一球、一球、ていねいにボールを打つ。

プロも行う基本練習

ボールを打ち合いながら体を暖めていく

ねらい

Menu **044** ウォーミングアップストローク

難易度 ★★☆☆☆
時間 10分

習得できる技能
▶ ストロークの安定
▶ スピンボールの習得

やり方

4人でコートに入り、最初はストレート、次はクロスでラリーする。
強いボールを打つのではなく、ボールの回転（トップスピン）を確かめながら深いボールを打つように。
ストレート、クロスとも5分くらいを目安に。

ストレートで5分

クロスで5分

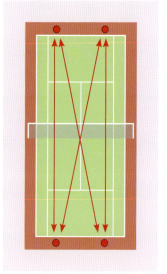

？ なぜ必要？

体が動く状態をつくる

前ページのMenu43も含めて、ここまでが基本的なウォーミングアップ。ここでいったん給水して、その日のテーマに沿った練習に入っていこう。

Variation
ボレー&ストローク

ストロークの10分が終わったら、一方がネットポジションについて、ボレー&ストロークを行ってもOK。ボレー中心の練習メニューの場合は、Menu44を省略して、このボレー&ストロークだけでも構わない。

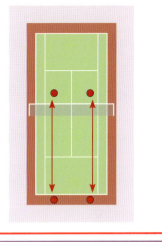

Menu 045　アングル・ミニテニス

やり方

Menu43のミニテニスに続いて、お互いにアングルに打つミニテニスを行うこともある。これによってクロスボールを打つときの感覚を良くすることができる。

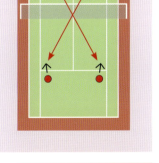

▲ ボールを落とす場所に目標を置くと効果的

ボールの深さが大事

石井コーチの　ワンポイントアドバイス

ウォーミングアップでのストロークやボレーは、自分の意図したボールでミスなく続けることが大切です。とくに気をつけてほしいのは『ボールの回転と深さ』。トップスピンをしっかりかけたボールで浅くならないようにしましょう。

プロも行う基本練習

スライス系ボールの感覚を確かめる

Menu **046** オールスライス

習得できる技能 ▶ スライスショット

難易度 ★★★☆☆
時間 5～10分

やり方

[ミニテニス]

お互いにサービスライン後方にポジションして、オールスライスでラリーを続ける。デュースサイドとアドサイドで時間は任意。

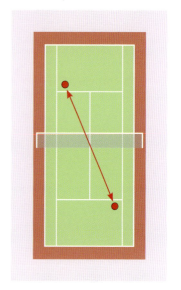

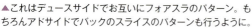

▲これはデュースサイドでお互いにフォアスラのパターン。もちろんアドサイドでバックのスライスのパターンも行うように。

❓ なぜ必要？

アンダースピンの感覚を確認する

通常のウォーミングアップでは、トップスピンで打つことを主としているが、アンダースピン（スライス）で打つメニューを取り入れることもお勧め。とくにフォアで打つスライスは、普段の練習メニューに入っていないことが多いので積極的に取り入れよう。

バックでももちろん行う

プロも行う基本練習

スライス系ボールの感覚を確かめる

ねらい

Menu 047　ドロップショットラリー

難易度 ★☆☆☆☆
時間 5〜10分

習得できる技能
▶ ドロップショット
▶ スライスショット

やり方

[ドロップショットラリー]
一方はベースライン、一方はサービスボックスに入り、オールスライスでラリーを続ける。ベースライン側はネット際に落とすドロップショットの練習になる。

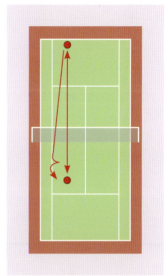

▶ネットと生徒のあいだは2m。ドロップショットは、そのネットと生徒のあいだにバウンドさせる。ダイレクトで相手に届いてしまってボレーさせるのはNGショット。

ドロップショットをイメージしてネット際に落とす

ネットにいる選手は、ワンバウンドさせてスライスで深く返球

攻撃の幅を広げるフォアスラ

石井コーチの
ワンポイントアドバイス

試合でスライスがうまく使えないのは、練習量が少ないことが原因です。言葉を換えれば、体にスライスの感覚が備わっていないということです。本書で強調しているのは、フォアに回り込んで打つテクニックやフットワークですが、錦織圭選手のように、回り込んだときにフォアのスライスでドロップショットを打てれば、攻撃のバリエーションがさらに増えます。強打と対になるドロップショットも早い段階から練習することが大切だと思います。

プロも行う基本練習

スマッシュの
ウォーミングアップ

ねらい

難易度 ★★★☆☆
回数 10〜20球×3セット

習得できる技能
- ジャンピングスマッシュ
- フットワーク
- ボールとの距離感（遠近感）

Menu **048** 連続スマッシュ

やり方

ネットポジションについた選手に球出しでロブを上げる。スマッシュを打った選手が元のポジションまで戻ったら次のロブを上げる。10〜20球程度が目安。

動きの幅を大きくして
スマッシュを強化

石井コーチの
ワンポイントアドバイス

スマッシュの基本はすぐにラケットをセットして、横向きをつくった状態で、フットワークを使ってボールの下に体を入れることです。このメニューではスタートをネットタッチして行うことで、その基本の動きを試合のときよりも多く行うことになりフットワークの強化にもつながります。また、スマッシュを打つ直前に、右軸足を蹴って右足と左足を入れ替えながら打つことで、パンチのある強いスマッシュを打つことができます。スマッシュを打ち終えたら、元のポジションのネットまでダッシュして戻ることも忘れずに行いましょう。

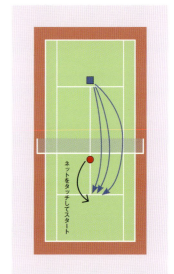

ネットをタッチしてスタート

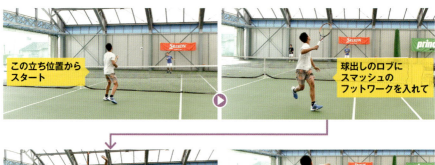

この立ち位置からスタート

球出しのロブにスマッシュのフットワークを入れて

軸足をしっかりつくって、打つときに右足と左足を入れ替える

打ったらネットまでダッシュして、戻ってスマッシュを繰り返す

プロも行う基本練習

スマッシュとロブを途切れなく続ける

ねらい

Menu **049** スマッシュ&ロブ

難易度	★★★★☆
回数	3〜5分

習得できる技能
▶ スマッシュ
▶ ロブ

やり方

一方はネットポジション、一方はベースラインでスマッシュとロブを連続で打ち続ける。5分程度が目安。

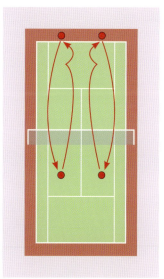

双方の練習に

石井コーチの ワンポイントアドバイス

スマッシュの練習というと『突き上げ』や強く打って決めることをイメージしがちですが、それよりも大切なのは、安定してスマッシュを打てる体勢に入るフットワークつくりです。スマッシュを打つ側は、ボールの下に入るフットワークを正確に入れてベースラインの相手に正確に返すことを心がけましょう。また、ロブを上げる側はスライス面を使って、同じ高さ、同じ距離にロブを上げることによって守備力を鍛えることができます。

ベースライン側がロブを上げたところからスタート

ネットポジション側の選手の立ち位置はここ

ボールの下に入り、軸足をしっかりつくる

打ったらすぐにポジションを戻して次のロブを待つ

97

プロも行う基本練習

ボレーポジションでの
フットワークをつくる
（ねらい）

Menu **050** ボレー＆ストローク

難易度 ★★★☆☆
時間 5～10分

習得できる技能
▶ ボレーの安定
▶ ストロークの安定
▶ コントロール
▶ フットワーク

やり方

一方はストローク、一方はボレーでラリーを続ける。
ウォーミングアップならストレートを中心に、ダブルスを意識した練習ならクロスで行う。

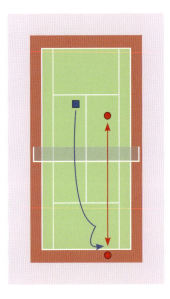

ストレート方向での
ボレー＆ストローク

ポイント

足の踏み込みを意識する

ボレーは、その場で足をそろえてラケットワークだけで行うのではなく、面をつくった状態で自分からボールを迎えに行き、足の踏み込みを意識して行う。

なぜ必要？

打ち合いの中でボレーのフットワークを入れる

ボレー＆ストロークを行うときは、ボレー側はフットワークを使わずに壁のように返球するケースが多いが、こうした基礎練習のときほどしっかりとフットワークを入れてボレーすることを心がけよう。ボレーで大切なのは、2ステップを入れて打つこと。

❌ ここに注意!

フットワークを使わない

ボレー&ストロークを行うとき、ボレー側は「壁」に徹して返球するケースが多く見られるが、これでは自分の練習にならない。しっかりとフットワークを入れてボレーすることで実戦に近い状態で練習しよう。

◀ 2ステップを入れずにその場で壁になるのはNG

バック側にボールが来たら

2ステップを入れてヒット

打ったらすぐにバックステップで

ポジションを戻して次のボレーに備える

99

プロも行う基本練習

ボレーのテクニックとフットワークを身につける

難易度 ★★★☆☆
回数 2球×10セット

習得できる技能
▶ 決めのボレー
▶ 決めのスマッシュ
▶ スプリットステップのタイミング

Menu 051　連続ボレードリル

やり方

攻め手（選手）はボレーポジションに、受け手（コーチ）はサービスラインに入り、受け手の球出しからスタート。攻め手は受け手が返球可能なボレーやスマッシュを打ち続ける。

　指導者向けアドバイス

生徒のミスが出たら、ラリーが続いているようなタイミングで次のボールを出そう。

実戦をイメージした練習

石井コーチのワンポイントアドバイス

ボレーの練習で多いのが、その場でボレーしてプレースメントを良くする練習ですが、このメニューでは前後の流れをボレー＆ボレーで行います。緊張感があり、2球目のボールをスプリットステップで見極めて、飛びつかなくてはならない状況になるので、実際の試合と同じタイミングの練習ができます。

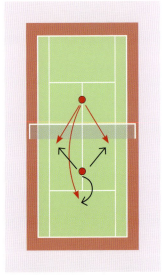

2人のこの立ち位置からスタート

球出しのボールを攻め手がボレーで返球

受け手はバックのハイボレーに出したり

ロブボレーで後ろに下げたりしながら早いタイミングのラリーを行う

プロも行う基本練習

ボレーやスマッシュを途切れなく続ける

ねらい

Menu 052 連続ボレー&スマッシュドリル

難易度 ★★★★★
回数 3〜5分

習得できる技能
▶ ボレー
▶ スマッシュ
▶ ハイバックボレー
▶ スプリットステップ

やり方

攻め手（選手）はボレーポジションに、受け手（コーチ）はベースラインに入り、攻め手はMenu51と同様にランダムなボールに対応する。

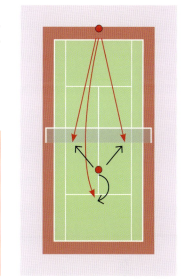

ダブルスの前衛用ドリル

石井コーチのワンポイントアドバイス

ここで紹介しているのは、ダブルスの前衛用の練習と言えます。攻め手も受け手もレベルが高くないとラリーにならないので上級者用の練習かもしれません。とくに大事なのは、ボールをランダムに出す受け側です。ダブルスの実戦で起こりうる状況を想定しながらボールを繋ぐことで、攻め手のボレーポジションでの耐久力やテクニックを向上させることができます。

攻め手はボレーポジション、受け手はベースラインでスタート

受け手はバック側に上げるロブや

足元に落とすボールを出し

攻め手はそのランダムなボールに対応する

101

プロも行う基本練習

ねらい
ベースラインからネットの攻めを身につける

Menu 053 アプローチからのパターン練習

難易度 ★★★★☆
回数 4球×10〜20セット

習得できる技能
- アプローチ
- ボレー
- 飛びつきボレー
- ジャンピングスマッシュ

やり方
1球目をダウン・ザ・ラインに打ってスタート。ネットポジションを取ったら2球目をファーストボレー。3球目に厳しいセカンドボレーを入れて、最後の4球目はスマッシュ。打ったら次の選手と交代

なぜ必要?

ベースラインからネットの攻撃パターンを増やす

このメニューでは打つ場所を設定しているが、打つ場所の設定を変えることでさまざまな攻撃パターンを生み出すことができる。コーチは実戦に即した練習法を工夫しよう。

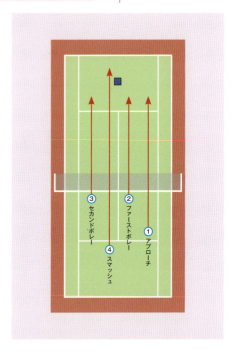

ダウン・ザ・ラインに1球目のアプローチを打つ

ネットについたらファーストボレー

Variation
パターンを変えた球出し練習

1球目をバックのスライスでクロスに打ってスタート。ネットポジションを取ったら2球目をファーストボレー。3球目に厳しいセカンドボレーを入れて、最後の4球目はスマッシュ。打ったら次の選手と交代。1球目のアプローチ以外は、ランダムに順番を変えると、より実戦に近づき良い練習になる。

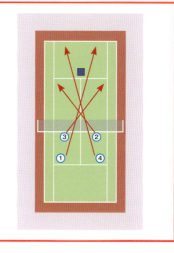

実戦で現れるパターンをシミュレーションしておく

石井コーチのワンポイントアドバイス

　ベースラインからネットに出るパターン練習でとくに大切なのは、1球目の『出球』です。フォアでダウン・ザ・ラインに打つMenu53とバックでクロスに打つ上記のバリエーションでは、ネットへの出方も違うし、ファーストボレーをするポジションも違うはずです。うまくできない選手には、プレイを止めて、どういうボールを打って、どう出るのが正しいのか、細かく指導していきましょう。
　ストレートアプローチの場合はそのまま左側前に移動。クロスアプローチの場合はサービスラインの右側にポジションを取るようにしましょう。

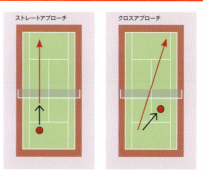

セカンドボレーは厳しいボールに飛びつく

ロブが上がったらバックステップでスマッシュの準備

プロも行う基本練習

ねらい ネットポジションで ボレーやスマッシュで粘る

難易度 ★★★★★
回数 5球×10～20セット

習得できる技能
▶ アプローチショット
▶ ボレー
▶ スマッシュ
▶ スプリットステップ

Menu 054 アプローチからの耐久ボレー

やり方

球出し側はコート（サービスボックス）の半面、選手は1面でボレー＆ボレーを行う。ボールが切れたらコーチは次のボールをすぐに出す。3〜5球で次の選手と交代。

？ なぜ必要？

ボレーの耐久力を鍛える

実戦形式の練習ではボレーが何球もつながるケースは少ないが、ボレー＆ボレーで左右、上下にボールを出すことが可能。ミスが出たらすぐに球出しして、連続でボレーやスマッシュを行うことでネットでの耐久力を向上させよう！

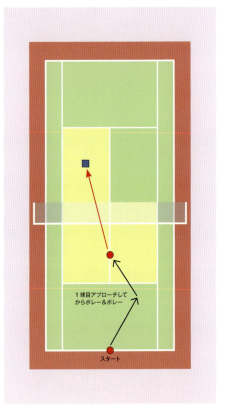

1球目アプローチしてからボレー＆ボレー

スタート

コースを限定すればレベル差があっても練習は可能

このボレー＆ボレー練習では、選手側の打つコースを限定（サービスボックスの右半分）しているのがミソです。このように打つコースを制限することで、ボールを受ける選手側は、正確なボールコントロール力が要求されるし、運動量も多くなります。ここでは僕がボレーでつないでいますが、もちろんボレーせずに連続した球出しでも構いません。肝心なのは、選手の動きを止めないようなリズムでボールを散らしてあげることです。スプリットステップのタイミングもポイントです。

石井コーチのワンポイントアドバイス

浅いアプローチショットをコーチ側に打ち込んだ状況からスタートしてボレーボレー

ネットポジションを取って

ファーストボレー

ロブボレーが上がったらスマッシュ(ハイボレー)でつないで

すぐにポジションを戻してボレーに入る

⚠ ポイント

ファーストボレーから スタートでもOK

Menu53はベースラインからアプローチを打ってスタートだったが、耐久ボレーの練習なら足元に送ったボールをファーストボレーしてからのスタートでもOK。

▶サービスラインに構えた選手の足元に球出しをしたところからスタート

プロも行う基本練習
相手に正確なストロークを返す

Menu 055　ボレー＆ストローク

難易度　★★★★★
時間　1～3分

習得できる技能
▶ フットワーク
▶ ストロークの安定
▶ フィジカルアップ

やり方

球出し側はコート（サービスボックス）の半面、選手は1面でボレー＆ストロークを行う。ボールが切れたらコーチは次のボールをすぐに出す。1～3分で次の選手と交代。

? なぜ必要？

ストロークの耐久力を鍛える

ボレー＆ストロークはウォーミングアップとして行われるケースが多いが、打つコースを限定することで、ストロークの練習やボレーの練習にも応用できる。

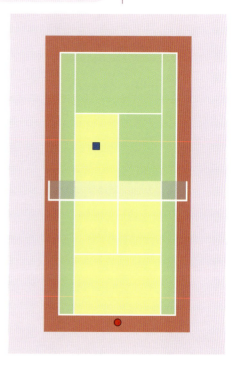

このポジションでスタート

選手側は右のサービスボックス限定でストロークをつなぐ

⚠ ポイント
反対サイドもかならず行う

コーチがアドサイド側に入ったパターンもかならず行うように。

▶コーチが左サイドのサービスボックスに入るパターンも行う

Variation
選手同士で行う

写真のようにコーチは球出しに専念し、生徒同士でボレー＆ストロークを行うパターンもある。練習する人数が多い場合は、ストローク側、ボレー側に控えの選手を置いて行う。

▲コーチは右サイドで球出し。ボレー側の生徒は左のボックスに立ち、ストローク側の生徒はコートの全面をカバーする

つなぐパターンと強打するパターンの2つを考えよう

石井コーチのワンポイントアドバイス

このボレー＆ストロークは、基本的にストローク側の練習です。ストロークのコントロール性や耐久力を目的とした場合は、ゆっくりとしたボールで構わないのでミスなくつなぐことを目的とします。また、甘くなったボールは叩いてもOKのルールにしたり、ポイント制にすれば、実戦に近い形の練習となります。

プロも行う基本練習

相手に正確なボレーを返す

ねらい

難易度	★★★★★
時間	1〜3分

習得できる技能
- ボレー
- スマッシュ
- フィジカルアップ
- スプリットステップ強化

Menu 056 ボレー&ストローク

やり方

球出し側はベースラインの右サイドに位置し、選手はボレーポジションでコート全面をカバー。ボールが切れたらコーチは次のボールをすぐに出す。1〜3分で次の選手と交代。

❓なぜ必要？

ボレーのコントロール力を鍛える

選手がネットポジション、コーチがベースラインに入るボレー&ストロークは、選手側のボレーテクニックを磨くに有効なドリル。打つコースと深さを限定することでいい加減なボレーはできなくなる。

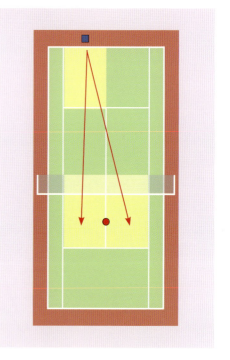

このポジションの球出しでスタート

選手側は右の深い場所限定でボレーをつなぐ

設定を変えればダブルスにも応用できる

石井コーチのワンポイントアドバイス❶

Menu56はシングルスで打つボレーをターゲットにしましたが、右図のような設定にすればダブルスの前衛練習にも応用可能です。この場合は、アングルボレーや短く落とすドロップボレーもOKなので、ボールが切れたらすぐに次のボールを出すようにしましょう。

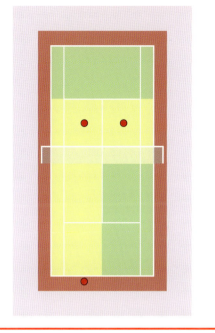

ストローク側の練習にもなる

石井コーチのワンポイントアドバイス❷

下の写真は僕がスライスでボールをつなぐパターンですが、選手同士なら、トップスピン限定で打たせる練習もありです。足元に落とすボールやトップスピンロブを交えることで、ボレー側の選手だけでなく、ストローク側の選手の練習にもなります。

ストローク側はロブを上げてもOK

▲受ける側は、スマッシュやハイボレーでつないだらすぐにポジションを戻すように！

プロも行う基本練習

相手のリターンによって攻守を選択する

難易度 ★★★★☆
回数 3球×10セット

習得できる技能
▶ サービス
▶ スプリットステップ
▶ 下ストローク

Menu 057 サーブからのリターン対応

やり方

生徒がサーブを打つタイミングでコーチが山なりのボールを球出し。
球出しのボールが浅ければ攻めるショットを選択し、深ければ守るショットを選択する。
サービスのインパクトのタイミングで手出しされたボールに対して、
自分のリズムで返球できるようにフットワークを工夫する。

[3球目で攻めるパターン]

[3球目で守るパターン]

? なぜ必要？

サーブ→リターン→3球目の対応をシュミレーション

単体のサーブ練習とは別に、実戦で生じるサーブ＋3球目の状況を想定したのがこのドリル。攻めのパターンと守りのパターンの2種類を球出しでシミュレーションする。

3球目が大切

試合では、サーブを打って、相手がリターンして、その次の3球目をどうするか？ ということがとても大切なテーマです。3球目を意識した練習として僕が考案したのがここで紹介する球出しドリルです。選手の近くから手でボールを出すことで、サーブが良くて甘いリターンが返ってきたケース、

石井コーチのワンポイントアドバイス

サーブが悪くて厳しいリターンが返ってきたケースを簡単に作り出すことができます。もちろんサーブの単体練習も必要ですが、練習生の人数が少ないときには、こんな練習も取り入れてください。

攻めのボールを打つ

⚠ ポイント
コーチの手出しのタイミングがコツ

コーチは、サービスのインパクトと同時のタイミングで手出しをするのがコツ。このタイミングが遅すぎてしまうと選手のリズムが崩れてしまい、実際のリターンの返球のタイミングと異なり、あまり良い練習にならないので要注意。

ボールの後ろに入るフットワークで

イーブン状態に戻す守りのショットを選択

プロも行う基本練習

チャンスボールをフォアで仕留める

Menu **058** フォアの連続強打

難易度 ★★★★★
回数 2球×10セット

習得できる技能
▶ 回り込みFストレート
▶ 回り込みF逆クロス

やり方

アドサイドにターゲットを置いて球出しからスタート。1球目はフォアでストレートに、2球目は回り込みフォアで逆クロスに打ち込んでローテーション。1カゴ〜2カゴ行う。

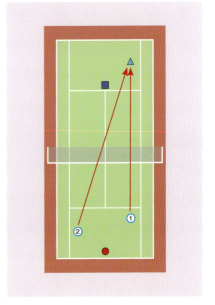

▶ 1球目のボールはコートの右側でストレートに強打

？ なぜ必要？

フォアのウィナーを身につける

相手のボールが甘くなったら最後はフォアでトドメを刺すのがいまの最先端のテニス。フィニッシュとしてのフォアハンドを2球連続の球出しパターンでマスターする。

❗ ポイント

回り込みフォアは、人1人分のスペースをつくる

回り込みフォアを打つときのコツは、人1人分、余計に動いてスイングスペースをつくることが大切。自分では正しい打点に入っているつもりでも、アウトしたりサイドアウトしたりする原因は、スペースがないことによって詰まってしまって、ラケットスイングスピードが落ち、ボールに回転量が足りなかったり、体の開きが早くなってサイドアウトしてしまうことが要因。つねに意識して人1人分のスペースをつくるようにしよう。

2球を1セットに

石井コーチの **ワンポイントアドバイス**

実戦を想定すると、1球目の強打を相手が何とか返してくる場面がイメージできます。そこで一本で終わりでなく、2本1セットで仕留めるというのがこの練習のポイントです。2球目の球出しを中ロブにして、スイングボレーで仕留めるというショットバリエーションも考えられます。

112

◀ アドサイド側に◯の
ターゲットを置いて、
球出しはデュースサイ
ドのこの位置から

[2球連続でウィナーをねらう]

◀ 1球目のボールはコート
の右側でストレートに強打

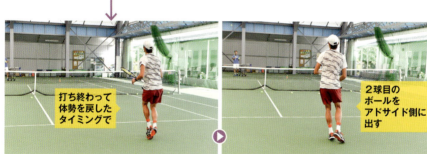

打ち終わって
体勢を戻した
タイミングで

2球目の
ボールを
アドサイド側に
出す

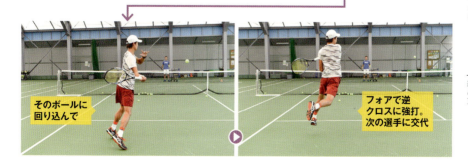

そのボールに
回り込んで

フォアで逆
クロスに強打。
次の選手に交代

113

プロも行う基本練習

ストロークの精度とフットワークを磨く

ねらい

Menu 059 サイドに動いての連続ストローク

難易度	★★★★★
回数	10〜20球×3セット

習得できる技能
- ▶ ストローク
- ▶ コントロール
- ▶ フットワーク
- ▶ オープンスタンス
- ▶ フィジカルアップ

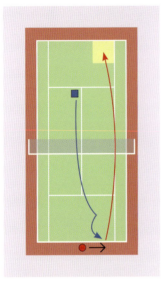

📢 やり方

センターからスタート。シングルスライン付近に出るボールをターゲットにヒット。打ったらすぐにポジションを戻す。10球ターゲットに入ったら次の選手と交代。ターゲットの広さは、各レベルに応じて大きさを変えると良い。

📣 指導者向けアドバイス

生徒がコーンに戻る直前に球出しをすることで、かなりハードな練習になる。さらにスピード強化したい場合は、球出しのスピードを上げる。実戦のなかで相手がウィナー系のボールを打ってきた場面と重なるので、より効果が出る。

センターのコーンからスタート

サイドに出たボールを

▲ダウン・ザ・ラインに打つときのターゲット

▲クロスに打つときのターゲット

114

⚠ ポイント
軸足が大事

サイドに動いてセンターに戻る動きを繰り返していると、後半では動きが鈍くなってボールに追いつけないという場面が出てくる。いい加減な打ち方だと練習効果が高まらないので、コーチ（先生）に見てほしいポイントが「軸足」ということになる。疲れてきたと感じたら、厳しいボールを出さずに、右足をボールの後ろまで持っていけるようなタイミングで球出ししてあげよう。

▲ボールの後ろに軸足を運べているか注意深く見よう！

❓ なぜ必要？
反復練習でフットワークをつくる

これは練習法としてはとてもシンプル。練習効果を高めるために大切なのは、選手のレベルを見極めた球出しのタイミングということになる。プロの場合はターゲットの設定を厳しくしているため、シンプルな練習でも追い込むことができる。

ターゲットをねらってヒット

すぐに体勢を切り返して

センターまで戻ったら

次のボールを出す

115

プロも行う基本練習

短いボールを叩くときのフットワークを身につける

ねらい

Menu 060 オフェンス時のフットワーク

難易度	★★★☆☆
回数	20～30球×3セット

習得できる技能
▶ アタックボール
▶ フットワーク
▶ ボールとの距離感

やり方

コーンの後ろからスタート。フォアとバックに連続して出る短いボールをコートの中に入って強打。50球程度繰り返す。人数が多い場合は2列で行うこともできる。

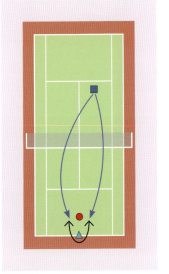

コーンの後ろからスタート

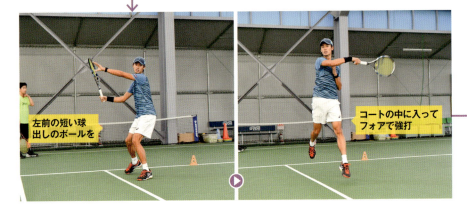

左前の短い球出しのボールを

コートの中に入ってフォアで強打

116

❓ なぜ必要？

反復練習で攻撃的なフットワークをつくる

これはスペインドリルの典型的な練習法。コートの中に入ってフォアで打ったら元の位置に戻って、次はコートの中に入ってバックで打つ、の繰り返し。チャンスボールを叩くときのフットワークをつくるのがねらい。また、4〜5歩のフットワークを使ってボールに近づき、右足で軸をつくってタメをつくり、左足に体重移動して打つことを、反復練習で体に覚えこませる。

⚠️ ポイント

コーンの後ろから回り込む

コートの中に入ってボールを叩くときのフットワークは、写真のように「逆Uの字」を描くように動くのが基本。左右のフットワーク練習とともに、前後のフットワーク練習もかならず練習に取り入れよう。

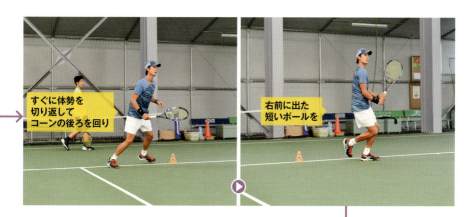

すぐに体勢を切り返してコーンの後ろを回り

右前に出た短いボールを

バックハンドで強打

体勢を切り返して次のボールに備える

117

プロも行う基本練習

深いボールを処理するときのフットワークを身につける

ねらい

難易度 ★★★☆☆
回数 20～30球×3セット

習得できる技能
▶ 相手に追い込まれた時の守備
▶ フットワーク
▶ フィジカルアップ
▶ バックステップ

Menu **061** ディフェンス時のフットワーク

やり方

コーンの前からスタート。フォアに下がって打ったあとコーンの前を通り、今度はバックに下がって打つことを20～30球繰り返す。

指導者向けアドバイス

コーンより後ろの位置に高く滞空時間の長いボールを出し、生徒をより後ろに動かすようにする。目安はベースラインを越えたアウトボールでいい。

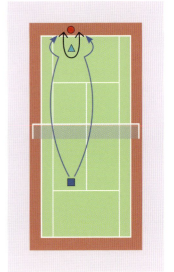

左奥に深いボールを出す

後ろに下がってフォアのトップスピンで返球

打ち終わったらすぐにポジションを戻して

❓ なぜ必要？

反復練習で守備的なフットワークをつくる

単純な動きを繰り返し行い、体がボールに対し自動的に動くようにするのがスペインドリルの基本的な練習法。日本では左右の動きの練習はよく行うが、前後の動きを繰り返す練習は少ないので、Menu60、61のドリルは普段の練習にかならず取り入れるようにしよう。

⚠️ ポイント

コーンの前から回り込む

深いボールに対応するフットワークは、写真のように「Uの字」を描くように動くのが基本。ポイントなるのは下がるときに使うバックステップ。テイクバックした状態でボールより早く下がったあと、軸足をしっかり決めて体の回転運動をつくり、スピンで深いボールを打てるようにする。

コーンの前を回って / 右奥に出た深いボールに対し

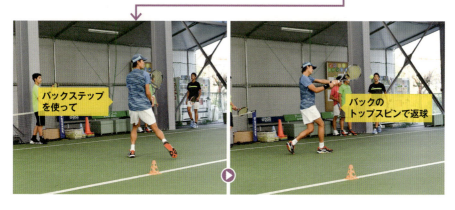

バックステップを使って / バックのトップスピンで返球

column 4　テニスがうまくなる処方箋

「どうやったらもっとうまくなるんだろう？」。そう思ったからこそ、本書があなたの目に止まったのでしょう。上達のために一番大切なのは、「もっとうまくなりたい」という気持ちです。この気持ちがあれば、あなたは絶対うまくなります。しかし、うまくなるための魔法の薬はありません。あるのは、うまくなるための処方箋です。同じ時間練習するのなら、処方箋に従って効果的な練習をしましょう。それが本書のテーマです。

　例えば、フォアハンドを１００球打つのでも、何も考えずに打つのと、フットワークのことを考えたり、打つコースを考えたり、打つ球種を考えて打つのでは、上達の速度はまったく異なります。また、１本打ったら終わりでなく、打ったボールを返されたら？　とイメージしながら次のボールを打つことで、実戦を想定した練習にすること

ができます。スペインドリルにはそうしたうまくなるための要素が詰まっています。シンプルなメニューでも真剣に取り組めば間違いなくうまくなります。

　もうひとつ、「どうしたら試合に勝てるようになるんだろう？」という悩みあると思います。これも勝つための魔法の薬はありませんが、処方箋はあります。本書に取り組むと、自分の得意なショットと苦手なショットがわかってくるはずです。今度試合をするときには、その自分の得意なショットだけで戦ってみてください。苦手なショットでミスしてもくよくよしない。とにかく、自信があるショットで戦ってみるのです。苦手なショットの克服はこれからだって大丈夫です。とにかく得意なショットで戦ってみてください。これまでより試合が楽しく感じるはずですよ！

第 5 章
プロも行う実戦的練習

この章からは、プロが試合を想定して行っているテクニック練習やフットワークドリルを含んだ実戦的な練習メニューを紹介します。最大4選手によるメニューが中心なので、レギュラークラスでの濃厚な練習に最適です。

プロも行う実戦的練習
回り込んで打つフットワークを身につける

Menu 062 2対1ストローク

難易度	★★★★☆
時間	3〜5分

習得できる技能
- 回り込みFストローク
- 回り込みBストローク
- フットワーク

やり方

2対1でコートに入り、2人側は真ん中にコントロールのストローク、1人側は真ん中に来たボールをフォア→回り込みバック→フォア→回り込みバックとかならず交互にストロークを打ち続けて、なるべく途切れないようにラリーを続ける。3〜5分でローテーション。

[体の左側に来たボールはフォアに回り込み]

バック側に来たボールに対し

右足を大きく引きながら

フォアハンドに回り込んで

ヒット

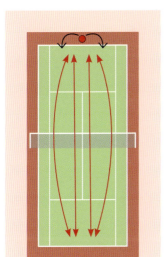

？ なぜ必要？

回り込む感覚を身につける

体の左側にボールが来たらフォアハンド、体の右側にボールが来たらバックハンド、という感覚がクセになってしまうと回り込んで打てるボールでも回り込めなくなってしまう。回り込み限定でボールを打たせることで、回り込む感覚を体に覚えさせる。

単純な打ち合いに工夫を加える

石井コーチのワンポイントアドバイス

2対1のストロークもよく行われる練習ですが単純な打ち合いでは面白くありません。2人側は緩いボールをつなぎ、1人側は回り込み限定に設定するのが面白い練習です。実際の試合では、フォア側にきたボールをバックに回り込むことはありませんが、こうすることで、『回り込まなきゃ！』という感覚が鋭くなって、将来の武器としたいフォアへの回り込みフットワークをさらに意識することができます。

[体の右側に来たボールはバックに回り込み]

2対1で / 体の右側に来たボールは

バックハンドに回り込んで / ヒット

プロも行う実戦的練習
ダブルス用の突き球とボレーを身につける

ねらい

難易度	★★★★☆
時間	3〜5分

習得できる技能
- ファーストボール
- ミドルボレー
- 突き球

Menu 063　1対2のボレー対ストローク

やり方

1（ボレー）対2（ストローク）でコートに入り、ボレー側のファーストボレーからスタート。2人側はできるだけ足元に落とすストロークを打ち、1人側はボレーをつなぐ。3〜5分でローテーション。

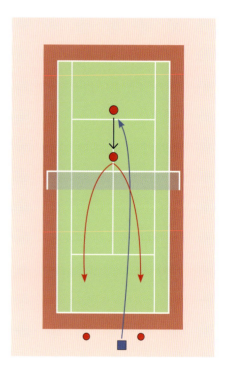

▲2対1でコートに入り、コーチは2人がいる方向から球出し、ミスが出たらすぐにラリーしているタイミングで球出しする。

ポイント
足元のファーストボレーからスタート

1人側はサービスラインの後ろにポジションし、足元のボールをファーストボレーしたところからスタートする。

なぜ必要?
ダブルスで基本となるショットを鍛える

2対1の練習で、1人側をボレーにすると、クロスだけでなく、ストレートにも打つことができるためダブルス用のボレー練習に最適。ストローク側が低くて速いボール（突き球）を打ち続けることでボレーの耐久力がさらに高まる。

ダブルスの練習に最適

石井コーチの **ワンポイントアドバイス**

2対1をストローク側、ボレー側に分かれて行えば、4人揃わなくてもダブルスの練習に応用できます。また1人側はボールを打つ回数が多くなるので、苦手なポジションやショットがあればそこを重点的に練習することも可能です。

Variation

2対1のボレー対ストロークで突き球を磨く

2（ボレー）対1（ストローク）でコートに入り、ストローク側が足元に打つショットからスタート。1人のストローク側は足元に落とすストロークを打ち続ける。3〜5分でローテーション。

▶ 2（ボレー）対1（ストローク）で入る。ストローク側の突き球の練習になる

低い体勢をつくり

ボールの後ろにていねいにラケット面を用意する

打つ方向は任意。クロスでもストレートでも構わない

125

プロも行う実戦的練習

フォアのクロスラリーを鍛える

ねらい

難易度 ★★★☆☆
時間 3〜5分

習得できる技能
▶ フォアクロスストローク
▶ フットワーク

Menu 064　1対1のクロスラリー

やり方

1対1でデュースサイドに入り、2カ所に置いたターゲットを目標にクロスラリーを行う。3〜5分でローテーション。

▲お互いにデュースサイドに入り、長短の2カ所に置いたターゲットをねらってラリーする

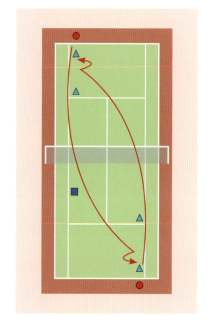

? なぜ必要?

ベースとなるフォアのクロスボールの精度を高める

1対1で行うストローク練習で絶対に行ってほしいのがクロスコートで打ち合うラリー。漫然とつなぐのではなく、長短の2カ所（アンベル、ベースライン付近）にターゲットを置き、そこをねらって打つようにしよう！

! ポイント

ボールのコースや深さによってショットセレクトを考える

クロスラリーといっても相手が打ってくるボールの深さや角度によって、こちらのショットセレクトは変ってくる。相手のボールに応じた返球をできるようにしよう。

[浅いボールは踏み込んで]

相手のボールが浅いときは

左足をしっかり踏み込んで打つ

[角度がついたボールはオープンスタンスで]

角度がついたボールには

オープンスタンスで対応

[深いボールはバックステップを使って]

相手のボールが深いときは

バックステップを使って下がり深い所をねらったトップスピンで対応

プロも行う実戦的練習

早いタイミングで打つ能力を鍛える

Menu 065　1対1のライジングラリー

難易度 ★★★★☆
時間 3～5分

習得できる技能
▶ Fストロークライジング
▶ Bストロークライジング
▶ 足の踏み込むタイミング
▶ フットワーク

やり方

1対1でコートに入ってセンターで打ち合う。このとき一方はベースラインから下がるのはNG。すべてのボールをライジングで返球する。3～5分でローテーション。

▲ここではコート1面を使って1対1で行っているが、コート半面で行っても可。

▲なるべく足を踏み込んで打つようにすると良い。

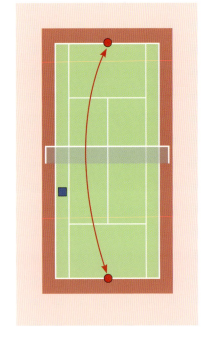

❓ なぜ必要？

攻撃的なストロークを身につける

オフェンシブなストロークとして、相手に時間を与えずに早いタイミングで打ち返すボールも必要。1対1のラリーで一方はベースラインから下がらずにライジングで返球して攻める。

❗ ポイント

腰の高さで打つ

ベースラインの中に入ってライジングで打つショットは簡単ではないが、**打点を腰の高さにして、シンプルなスイングで打つ**ことを心がければ意外にミスなく打つことができる。

[フォアのライジング]

[バックのライジング]

この練習法もあり

Menu65はすべてのボールをコートの中に入ってライジングで、という設定でしたが、基礎練習としては、下の写真のようにベースラインとサービスラインの中間にマーカーを置いて、マーカーよりも手前にボールがバウンドしたら『コートの中に入ってライジングで』という設定で行う方法もあります。

石井コーチの ワンポイントアドバイス

▲ここにバウンドしたらディフェンシブにつなぐ

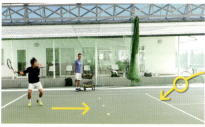

▲ここにバウンドしたらオフェンシブに叩いていく

プロも行う実戦的練習
ダウン・ザ・ラインへのパスを磨く

ねらい

Menu 066 1対1のパッシング

難易度 ★★★★★
回数 3球×10セット

習得できる技能
▶ Fストロークパッシング
▶ Bストロークパッシング
▶ フットワーク

やり方

デュースサイドのシングルラインからスタートして、コーチからのクロスへの球出しをコーチに返球し、コーチのストレートボレーをバックで返球。さらに、コーチからのクロスボレーをフォアのダウン・ザ・ラインにパッシング。打ち終えたら次の生徒とローテーション。

? なぜ必要?

フォアのパスの精度を高める

実戦の中でウィナーとなりやすいのが、フォアで打つダウン・ザ・ラインパスのボールと言える。とくにサイドに振られてからのダウン・ザ・ラインパスの精度は重要。パターン練習でこのボールを磨こう！

! ポイント

ダウン・ザ・ラインパスの パターン練習

球出しをいきなりダウン・ザ・ラインに打つのは実戦に即した練習法とは言えない。実戦で起こり得る流れの中で、決め球として打つ練習にしよう。

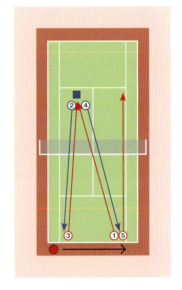

▲ターゲットをかならず設置するように！

ターゲットをかならず置くように

石井コーチのワンポイントアドバイス

フォアのダウン・ザ・ラインパスはコートの内側に中に入りやすいショットです。練習するときは写真のような位置にターゲットを置いて、ラインとターゲットの間にボールを打つようにしましょう。また、ボールの深さは必要ないのもダウン・ザ・ラインへ打つショットの特色と言えます。

打ち返してきたボールをコーチはストレートにボレー

選手はバックハンドで一本コーチにつなぎ

コーチがクロスに打ったセカンドボレーを

ダウン・ザ・ラインをねらってヒット

131

プロも行う実戦的練習

ドロップショットとドロップショットの処理を学ぶ

Menu 067　1対1のドロップショット&処理

難易度 ★★★★★
時間 5分

習得できる技能
- ドロップショット
- ドロップショットの切り返し
- ボレー
- フットワーク

やり方

1対1でコートに入りコーチの短い球出しからスタート。一方がドロップショットを打ち、もう一方はそのドロップショットを拾って最終的にボレー&ボレー戦まで持ち込む。ボールが切れたら次の選手とローテーション。

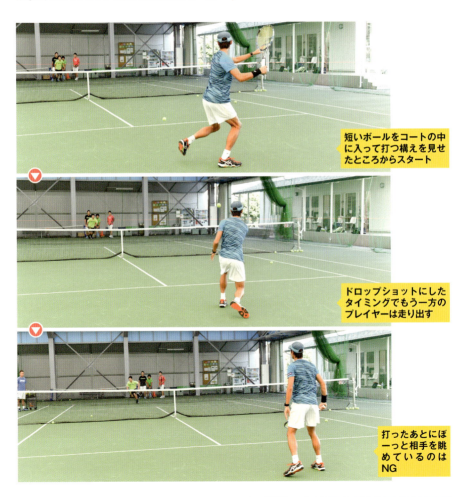

短いボールをコートの中に入って打つ構えを見せたところからスタート

ドロップショットにしたタイミングでもう一方のプレイヤーは走り出す

打ったあとにぼーっと相手を眺めているのはNG

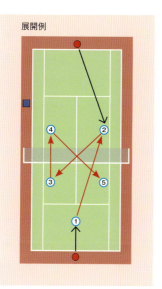

展開例

なぜ必要？

短く落とされたときの処理を身につける

ドロップショットは単体のテクニック練習とともに、相手に拾われたときにどうする、という視点が大切。このドリルで、ドロップショットを打ったあとの実戦をイメージしよう。

ポイント

1つ先のプレーを考えてドロップショット

ドロップショットを使う際、前もってその後の返球のイメージを予測しておくと、ポイントを取りきる確率が大幅にアップする。

処理する側の視点に立つと

石井コーチのワンポイントアドバイス

100点満点のドロップショットを打たれたら拾うことで精一杯ですが、実戦の中では余裕を持って拾える場面がよくあります。そのときに大切なのは、相手のポジショニングを考えて返球するコースを選択することです。相手が写真のようなポジションにいるのならストレートに打ってネットに詰めて次のボレーでポイントすることを考えます。

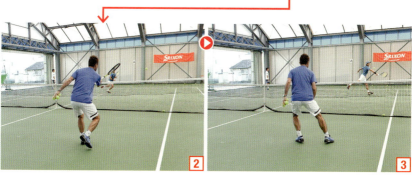

▲ 1 余裕を持ってドロップショットの処理ができる状況　2 相手のポジションを見ながらストレートに流す　3 クロスへの返球を予測した左足への重心移動

プロも行う実戦的練習

強打してネットポジションを取る

Menu **068** 2対1のアプローチ&ボレー

難易度 ★★★★☆
時間 5分

習得できる技能
▶ アプローチ
▶ ボレー
▶ スマッシュ
▶ スプリットスラップ
▶ フットワーク

やり方

2対1でコートに入りコーチの短い球出しをアプローチしたところからスタート。相手の返球をボレーやスマッシュで決める。ボールが切れたら次の選手とローテーション。

浅くなったボールをコートの中に入って強打したところからスタート

そのままネットポジションを取って

返しただけのパスはネットにさらに詰めてオープンスペースにボレー

❓ なぜ必要?

決めボレーのパターンを身につける

これは浅くなったボールを強打してネットポジションを取り、ボレーやスマッシュで決めるパターン練習。チャンスを逃さずに攻め切る練習はかならず行うべき。

❗ ポイント

アプローチのあとダッシュしてスプリットステップ

アプローチをしたあとは、そのままサービスラインまでダッシュして相手のパスのタイミングに合わせてスプリットステップを行い、ボレーのタイミングを良くしよう。

一気に詰めすぎない

石井コーチのワンポイントアドバイス

強打してネットポジションを取るときのポイントは、ネットに詰めすぎずにサービスライン付近で相手の返球を見極めることです。相手から返ってくるのは、返すだけのボール（ネットにさらに詰めてセカンドボレーで決める）やロブ（スマッシュで決める）ということを念頭に置くことが大切です。最悪なのは詰めすぎてロブで頭上を抜かれてしまうこと。これだけは絶対に避けてください。

▲強打したときはサービスライン辺りで相手の返球を観察して2次攻撃につなぐのが基本

135

プロも行う実戦的練習

スライスのアプローチでネットポジションを取る

ねらい

Menu 069 1対1のアプローチ&ボレー

難易度 ★★★★☆
時間 5分

習得できる技能
▶ スライスアプローチ
▶ ボレー
▶ スマッシュ
▶ スプリット

やり方

1対1でコートに入りコーチの球出しをバックハンドのスライスでアプローチしたところからスタート。相手の返球をファーストボレーにつなぐ。ボールが切れたら次の選手とローテーション。

浅くなったボールをバックのスライスアプローチするところからスタート

ボールを追うようにネットに出て

相手のパッシングをボレーで止める

なぜ必要？

スライスで出るパターンを身につける

これは浅くなったボールに対し、バックのスライスでネットに出るパターン練習。大切なのはどう出るか、どうポジションを取るか、ということ。繰り返しの練習の中で体に覚えさせよう。

ポイント

ネットより低いボールをスライス

基本的にネットより高いボールはスピンで振りぬいたほうが良いので、浅い、ネットより低いボールをスライスで打とう。このとき、スピードより深くコントロールすることを意識して練習しよう。

フォロー・ザ・ボール

石井コーチのワンポイントアドバイス

ベースラインからアプローチを打ってネットに出るときは、ボールを追うようなフォロー・ザ・ボールが大原則です。左ページの写真はコートのセンター付近からクロスに打って出ているので、このようなポジショニングになっていますが、図のようにサイドからストレートに流してネットに出る場合は矢印のような出方とポジショニングになります。

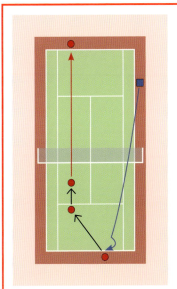

▲ストレートにアプローチを打った場合は？ クロスのボックスに移動する

▲アプローチはボールを追うようにネットに出る

137

プロも行う実戦的練習

ねらい ストロークの方向を変える

Menu 070　2対2のストロークラリー

難易度 ★★★☆☆
時間 5分

▶ ストロークのコースの打ち分け

習得できる技能

やり方

一面に4人、つまりベースラインに2対2で入り、同じ方向に2球ボールを打ったら3球目はかならずコースを変える。1ポジションで3〜5分でローテーション。

1球目はバックハンドでクロス

2球目はフォアハンドで逆クロス

3球目はバックハンドでストレート

❓ なぜ必要？

打つ方向を変える

4人ともコートに入ってストローク練習を行うときには打つコースは「ランダム」というケースが多いが、3球目でかならずコースを変えることで、クロス→クロス→ストレートのパターン、ストレート→ストレート→クロスのパターンを体に覚え込ませることができる。

4人が同時に入る練習

石井コーチの ワンポイントアドバイス

4人がコートに入るときは、ダブルスの実戦練習になりがちですが、4人が同時にコートに入るからこそできる練習というものもあります。4人に加えて球出しができるコーチ（選手）がいる場合は、Menu70～Menu72の練習もぜひ取り入れてください。

❗ ポイント

深いボールを打ち合う

このドリルは3本目でコースを変えるストローク練習なので、ラリーが続けばたすき掛けのようにボールが回ることになる。種目としては単純なものなのでミスなく何周でも続けることを目指そう。また、レベルが高い選手ならば、ベースラインとサービスラインの中間にマーカーを置いて、そのマーカーを越えなければNGという設定にすると結構プレッシャーを感じる練習となる。

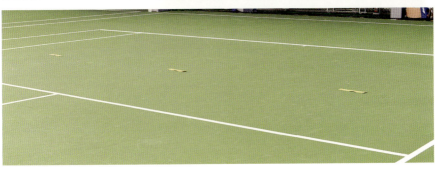

▲ここにマーカーを置いて深いボール限定で行う

プロも行う実戦的練習
並行陣対2バックの戦いをシュミレーションする

Menu 071　2対2のボレー＆ストローク

難易度 ★☆☆☆☆
回数　10点先取ポイント

習得できる技能
▶ ボレー
▶ ストロークつき球

やり方
ベースラインに2人、ネットポジションに2人で入り、球出しからスタート。
1ポジションを3〜5分でローテーション。または10点先取ポイント。

▲球出しはこの位置から

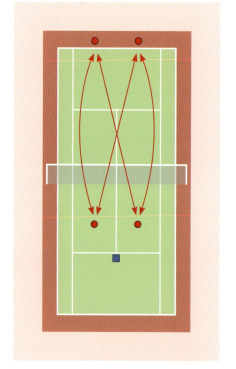

ポイント①
ネットミスに気をつける

ストローク側とボレー側で意識することは、ネットミスを減らすこと。お互いにネットミスが多いとポイントが成立しないので、エースを取ることが目的ではないことを認識してラリーをする。

4ポジションでの得手、不得手を見極める

このドリルをローテーションしながら行うと、ベースラインの（右／左）、ネットポジションの（右／左）の4ポジションでプレイすることになります。そこでの選手のプレイを注意深く観察すると、

石井コーチのワンポイントアドバイス

得意なポジション、不得意なポジションが浮かび上がってきます。コーチ（先生）は、そのことを頭に入れながら、ダブルスのペアリングやプレイサイドを考えるのも一つの方法だと思います。

140

? なぜ必要？

ダブルスの実戦を想定

ベースラインに2人、ネットポジションに2人を配置することで、ダブルスの並行陣対2バックの戦いをシュミレーションすることができる。ベースライン側は「突き球」の練習になるし、ネット側は「耐久ボレー」の練習になる。

! ポイント②

シングルスコート限定で行う

このドリルはポピュラーなものだが、オールコートで行うとボレー側が圧倒的に有利。一本のラリーを長くするために有効な方法が「シングルスコート限定」でこの練習を行うという方法。こうすればボレー側は角度を取れなくなるので、深いボレーを中心に返球するようになり、ストローク側はセンターを突くボールをより活用することを考えるようになる。

▲シングルスコート限定で行う方法もお勧め

プロも行う実戦的練習

並行陣対並行陣の戦いをシュミレーションする

ねらい

Menu 072 2対2のボレー&ボレー

難易度 ★★★★★
時間 3〜5分

習得できる技能
▶ ボレー
▶ ボレーの飛びつき
▶ ポジションカバー

やり方

4人がネットポジションに入り、球出しからボレー戦を行う。
1ポジションを3〜5分でローテーション。

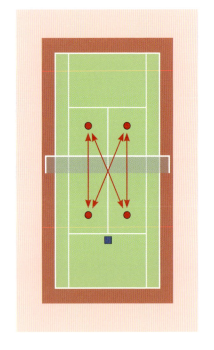

▲球出しはこの位置から

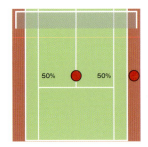

◀パートナーがコート外に出されたら、左右50%のあいだにポジションを取る

❓ なぜ必要？

ダブルスのボレー戦を想定

4人がネットポジションに入ることで、並行陣対並行陣のボレー戦をシュミレーションすることができる。設定を変えることで基礎練習から応用練習まで対応可能。サイドボレーで自分のパートナーがコート外に追い出されたときは、自分がコートを守る気持ちで、コートの中心にポジションを取るようにする。

> **ポイント** 設定を変えて行おう

設定①
サービスボックス限定で行う

打って良い場所はサービスボックスのみ。この設定にすればボールを浮かさずに「沈め合う」展開になる。

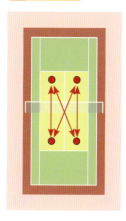

▲サービスボックス内でボレーを沈め合う

設定②
一方だけアレーもOKで行う

打って良い場所をアレーまで広げる。この設定にすればコートを広く使えるので、アングルボレーを使って角度を取ることも可能。

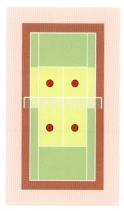

▲チャンスがあれば角度を取って相手の陣形を崩す

設定③
一方だけバックコートもOKで行う

打って良い場所をバックコートまで広げる。この設定にすればロブボレーまで使えるので、より実戦的な並行陣の戦いを体感することができる。

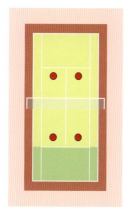

▲ロブボレーを使って相手を崩す

プロも行う実戦的練習

オープンに展開する
ラリー力を鍛える

Menu 073　1対1のバタフライラリー

難易度 ★★★★★
時間 3〜5分

習得できる技能
▶ ストロークストレート
▶ ストローククロス
▶ コントロール
▶ フットワーク

やり方

1対1でコートに入り、一方はクロスのみ、一方はストレートのみの設定でラリーを行う。3〜5分でローテーション。

▲手前の選手がストレートなら、相手はクロス。手前の選手がクロスなら、相手はストレートの決め事でラリーを行う

ポイント

ラリーがつながるように

1球で1分間、ラリーがつながるように、お互いボールのスピードや回転量のコントロールを行う。3球で3〜5分間、ラリーができるようになろう。

なぜ必要?

オープンコートに打つショットの精度を高める

ストローク戦でベースとなるのは、相手がいない方向に打つショット。一方はクロス、一方はストレートの設定でラリーを行えば、打つ方向はかならずオープンコートになる。

プロも行う実戦的練習

攻撃力と守備力を鍛える

ねらい

Menu 074 **1対1のオフェンス対ディフェンスラリー**

難易度 ★★★★★
時間 3〜5分

習得できる技能
▶ アタックショット
▶ ディフェンスショット
▶ コントロール
▶ フットワーク

やり方

1対1でコートに入り、一方はコートの中に入って強打のみ、一方はつなぎのみの設定でラリーを行う。3〜5分でローテーション。基本、真ん中同士で行うが、受け身のほうは半面（フォア、バックサイド）に移動してもいい。

▲手前の選手はコートの中に入って強打。相手は山なりのボールでサービスラインをやや越えた場所にコントロールして返球する。

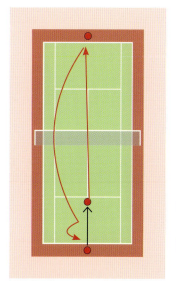

なぜ必要？

先手を取って攻める状況と、しのぐ状況をシミュレーションする

試合では、先手を取ってどんどん攻める場面と、相手の攻めをしのぐ場面がかならず現れる。その状況をあえてつくって、攻撃力の向上と、守備力の強化を計る。

パターン練習

Menu73や74のように、決め事をつくって行うドリルがパターン練習と呼ばれるものです。

石井コーチのワンポイントアドバイス

実戦で起こり得る状況をつくって、それを反復するのに有効な練習法と言えます。

プロも行う実戦的練習

ストロークの耐久力を鍛える

Menu **075** 1対1の制限ラリー

難易度 ★★★★★
時間 3〜5分

習得できる技能
▶ ストローク
▶ コントロール
▶ フィジカルアップ

やり方

1対1でコートに入り、一方はコート半面、一方はコート全面の設定でラリーを行う。
デュースサイド、アドサイドで3〜5分でローテーション。

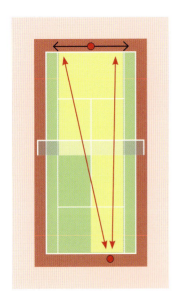

▲アドサイドの場合の球出しはここから行い、半面対全面でラリーをする

◀手前の選手はコート半面だけでプレイ。向こう側の選手はコート全面をカバー。ハンディを付けた練習となる

❓ なぜ必要？
ハンディキャップを付けた練習法

打って良いエリアを制限することで、ハンディキャップを付けた練習にすることができる。レベル差がある選手同士の練習でも制限ラリーにすれば十分練習効果が上がる。

Level UP!
制限エリアをさらに狭くする

1対1でコートに入り、一方のコートに有効打球エリアを設けてラリーを行う。10球入ったら交代。

❓ なぜ必要？
ショットの精度を上げる

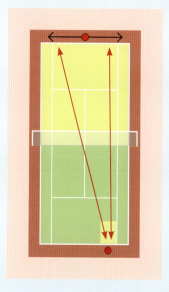

▶ここで設定している有効打球エリアは約2m×3mの広さ

パターン練習

石井コーチのワンポイントアドバイス

練習生にレベル差がある場合、コート全面対全面で行うと練習にならないことがありますが、Menu75のようにハンディキャップを付ければ練習効果はグンと上がります。また、レベルアップとして紹介している方法は、プロ同士の練習で取り入れているもの。10球入れるためには、プロでも相当な集中力が必要です。写真では紹介していませんが、両サイドで同じような練習を取り入れてください。

プロも行う実戦的練習

スライスの
コントロールを高める

ねらい

Menu 076 1対1のオールスライス

難易度	★★★★☆
時間	3〜5分

習得できる技能
- スライスバックハンド
- コントロール

やり方

アドサイドに1対1で入り、ターゲットを置いてバックハンドスライスでラリーを行う。
3〜5分でローテーション。

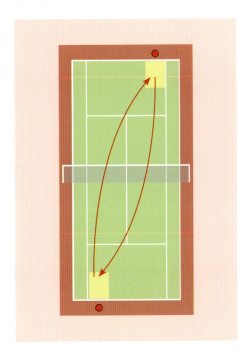

アドサイドに
ターゲットを置いて

クロス方向で

スライスだけで
打ち合う

距離を出すためには
大きなフォロースルー
が必要になる

❓ なぜ必要？

深いスライスを身につける

バックハンドのスライスは距離感の調整が難しく、ちゃんと練習しておかないと深くへコントロールできない。この練習はベーシックなものなので、かならず取り入れてほしい。

Variation

オールフォアの回り込み

アドサイドに1対1で入り、ターゲットを置いてフォアの回り込み限定でラリーを行う。3～5分でローテーション。

なぜ必要?
回り込みフォアの精度を上げる

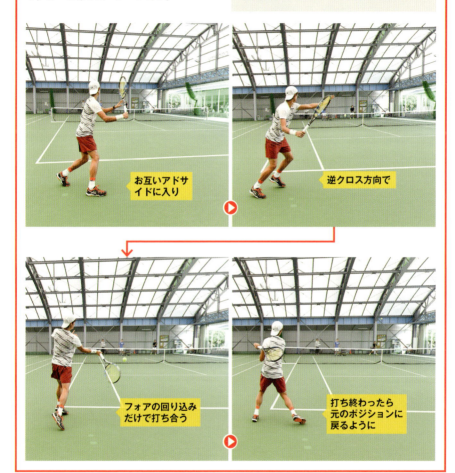

お互いアドサイドに入り

逆クロス方向で

フォアの回り込みだけで打ち合う

打ち終わったら元のポジションに戻るように

設定を変えれば練習効果も変る

石井コーチのワンポイントアドバイス

ここで紹介しているドリルはアドサイドからのショット精度を高めるための練習法です。もちろん、Menu76ではバックハンドのトップスピンのみで打ち合うというバージョンもあります。同じコースの打ち合う練習でも、トップスピンのみ、スライスのみ、回り込みのみ、というようにショットに制限を設けることでまったく違った練習効果が表れます。

149

プロも行う実戦的練習

ストロークの
コースを変える

ねらい

Menu **077** 2対1のパターンラリー

難易度 ★★★★★
時間 3〜5分

習得できる技能
- ストローク
- コースの打ち分け
- フットワーク
- フィジカルアップ

やり方

2対1でコートに入ってコーチの球出しからスタート。2人側はつねにクロスにボールを打ち、1人側は1球目クロス→2球目クロス→3球目でかならずストレートに展開。このパターンをボールが切れるまで行う。

なぜ必要？

**クロスラリーから
ストレートに展開する**

Menu70でも紹介したように、クロス→クロスのラリーから3球目でストレートに展開するパターンは実戦でよく現れる。2対1で行うことで、デュースサイドからの展開、アドサイドからの展開を連続して行うことができる。

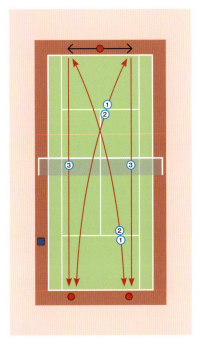

ポイント

1人側のほうが主役

2対1で行うこのパターン練習の主役は1のほう。2人の側はとにかくクロスのボールを正確に2球送るようにしよう。このドリルに限らず2対1の練習では、2のほうがミスしないことが大切。

パターンラリーの効果

2対1のストローク練習はポピュラーなものですが、一般的にはランダムに打ち合う形式で行われています。それもストローク力を高める基礎練習にはなりますが、実戦を考えれば、打つコース等を決めたパターンラリーのほうが効果的な練習になります。

石井コーチの
ワンポイントアドバイス

デュースサイドでクロスラリーを2本
続けたら3本目はストレートに展開

アドサイドの選手はストレートに展開
してきたボールをクロスに返球する

151

プロも行う実戦的練習

チャンスがあったらネットを取る

(ねらい)

Menu **078** 2対1の条件ラリー

難易度	★★★★★
時間	3～5分

習得できる技能
- ストロークラリー
- コントロール
- アプローチショット
- ボレー
- スマッシュ

やり方

2対1でコートに入ってコーチの球出しからスタート。2人側はつねにクロスにボールを打ち、1人側は5球目以内でアプローチを打ってネットへ。ストローク戦からボレー戦に展開する。

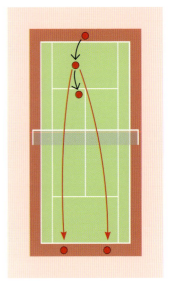

なぜ必要？

積極的にネットを取る

Menu77で紹介したのはクロス→クロスからのストレート展開だったが、これはストロークからボレーに展開するパターン練習。1人側の打つコースはランダムだが、「5球目以内でネットに出なければいけない」というところがミソ。この練習を行うことで、早い攻撃パターンを身につけることができる。

アイディアが大事

石井コーチの
ワンポイントアドバイス

2人側のクロスボールが深ければ5球以内にネットへ出るのが難しい場合もあります。しかし、そこを妥協しないのがこの練習での大切なポイントです。例えば、写真のようにドロップショットを打ってネットに出る方法もあるはずです。短い時間（5球目）でネットへ出るタイミングや手段をイメージすることが大切なのです。

2人側はベースラインポジションなので、短いボールを使ったアプローチも有効な手段となるはず

> ポイント

ボレーまで考える

出球（アプローチショット）が良かったときは、「ファーストボレーをどこに打つ？」というところまで考えてネットポジションを取り、出球が甘かったときは、「とにかく1本のパッシングで抜かれない」という気持ちでネットポジションを取ろう。

2人側はつねにクロスに返球

1人のほうは5球目以内でネットにかならず出る。これはストレートに展開してからネットに出たパターン

プロも行う実戦的練習（守備の練習）

ハンディキャップをつけて戦う

Menu 079　コート全面対コート半面のポイント練習

難易度 ★★★★★
回数 10点ポイント

習得できる技能
▶ ストローク
▶ コントロール
▶ フィジカルアップ
▶ フットワーク

やり方

一方はコートの半面、一方はコート全面のハンディキャップをつけてポイントを行う。半面に返す側が10ポイント取ったら交代。

なぜ必要？

苦しい状況を設定して粘る

ポイント練習はさまざまな方法が考えられるが、ここで紹介しているハンディキャップをつけたポイント練習は、イーブン状態で行うポイント練習よりも高い集中力が要求される。また、レベル差がある選手同士の練習でもハンディをつけることで五分の戦いを演出することができる。

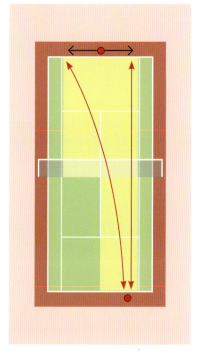

手前の選手はコート全面に打って構わないが、相手が打って良いのはコート半面の設定

さまざまな設定が可能

石井コーチの ワンポイントアドバイス

左で紹介した全面対半面のポイント練習はよくあるパターンですが、打って良い場所の設定を変えることで、苦手を克服させる練習に応用することも可能です。

設定例①
バックコート限定
（全面対全面）

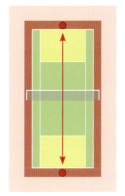

設定例②
バックコート限定
（全面対半面）

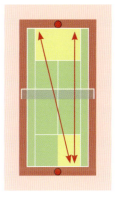

設定例③
クロスの
バックコート限定
（トップスピンのみ）

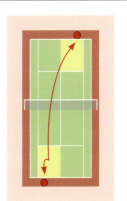

設定例④
アドサイドクロス
限定
（スライスのみ）

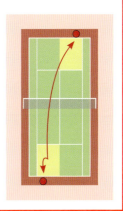

ハンディをつけられた向こう側の選手が10ポイント取ったら攻守を交代等のルールで行う

155

プロも行う実戦的練習

状況設定した場面から戦う

ねらい

難易度	★★★★★
回数	10点ポイント

習得できる技能
▶ ストローク
▶ チャンスボール
▶ ディフェンス
▶ 戦略パターン

Menu 080 球出しからのポイント練習

やり方

コーチのさまざまな球出しからスタートする。例えば、チャンスボールからスタートやディフェンスからスタート、バックハンドスライスからスタートなど。最初に受ける側の選手が10ポイント取ったら交代。

？ なぜ必要？

局面が変る場面に対応する

球出しからポイントをスタートさせることで無駄なラリーを省くことができる。出すボールはラリー戦の中で局面が変るキーとなるショット。そこからどうやって対応していくか繰り返し練習することが可能。

！ ポイント

実戦のイメージをつくる

このメニューは、実戦でよくあるポイントパターンを想定して繰り返し行うことで、そのパターンを体で覚えるのが目的。自分で苦手だと思う状態をつくって、前向き取り組むことでピンチをチャンスに変えることもできるので、頑張って取り組もう。

レベルに応じた球出しを

石井コーチの
ワンポイントアドバイス

この練習は、球出しに強弱を出すことでさまざまな状況を演出することができます。たとえばパターン③なら、甘いボールを出せば有利、不利はありませんが、厳しく出せば、圧倒的に2球目を受ける側が有利になります。実戦の中でも、局面が動くのは、ここに紹介したようなボールからです。ここでは紹介していませんが、ドロップショットからスタートして、ネットポジションを取る等、工夫次第でどんな場面でもつくり出すことができます。ぜひ、普段の練習に取り入れてください。

パターン❶　回り込みフォアでストレートに打ってスタート

▲球出しはバック側に。フォアに回り込んでストレートに展開した状況からスタート

▲ストレートに展開してきたボールを打つところからポイントに入る

パターン❷　バックのスライスでクロスに返したところからスタート

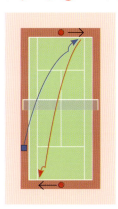

▲球出しはバック側に厳しく。バックのスライスでクロスに返球した状況からスタート

▲フォアに回り込んだところからポイントに入る

パターン❸　サイドに走ったところからスタート

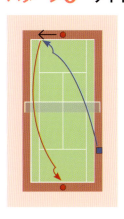

▲球出しはフォア側に厳しく。ランニングショットで返球した状況からスタート

▲厳しいボールを返したところからポイントに入る

column 5　試合で勝つ選手負ける選手

僕は、レッスンを行うだけでなくコーチとして選手に帯同することがあります。ジュニアからプロの試合まで、レベルを問わず多くの試合を見ています。もちろん、自分のアカデミーで練習している選手を勝たせたいと思っていますが、試合のときにコーチができることなんかほとんどありません。コートで戦っているのは選手。負け試合では、僕のほうが歯痒い思いをしていることもあります。

試合で勝つために大切なのは、自分本位にならないこと。自分がやりたいプレーだけで勝つのは難しいからです。

自分のやりたいプレーが、相手に通用していなければプレーを変えるべきで、逆に自分が苦手なプレーでも、相手がすごく嫌がっているプレーであれば続けるべきです。こういった駆け引きはトランプゲームと似ているかもし

れません。相手を見ながら自分の手札を出すタイミングを考えるところが似ています。

そして、勝敗を左右する大事なポイントが、ジョーカー（切り札）を使うタイミングです。

レベルを問わず、試合に勝つためには、ここ一本の場面での切り札が絶対必要です。例えば、それまで使っていなかったドロップショットやサーブ＆ボレー、ライジングショット（エアK）などを大切な場面で使える選手は、試合に強い選手です。

もちろん、普段から何回も繰り返して練習していないと大切な場面では使えません。そうしたショットバリエーションを増やすためのメニューも本書には豊富に取り入れています。ぜひ普段の練習に活用してください。

第6章
すぐに動ける体をつくる

この章では、岡村一成プロがオンコートでの練習前に行っている動的ストレッチとチューブトレーニングの方法を紹介します。コートに入ってすぐに動けるように準備することはどんなレベルの選手にとっても大切です。また、こうした入念なウォーミングアップは、ケガの防止にもつながるので、ぜひ取り入れてください。

すぐに動ける体をつくる

テニスの動きをシュミレーションしながら筋肉をリラックスさせる

▶ トレーニング（動的ストレッチ）

1 ハムストリングスのストレッチ

やり方

ストレッチする足の上に、反対の足をかけ、かかとを上げた状態からスタートし、地面にかかとを5秒間つけて、また上げるという動作を4セットほど行う。膝が曲がらないように注意して脛のほうに体重をしっかりと乗せるように。

2 ハムストリングスのストレッチ

やり方

ストレッチする足を前に出し、つま先、かかとの両方を地面につけて反対側の足の膝が地面についた状態をつくり、足ができるだけまっすぐになるまで3秒間ほど立ち上がるという動作を10セットほど繰り返す。

3 股関節のストレッチ

やり方

腕を足の内側に入れ、足の甲の部分を手で持つ。お尻を膝の高さまで落とし、肘で強く膝の内側を外側へ向かって押して股関節を伸ばす。5秒間キープし、元の高さへ戻すという動作を4セットほど行う。猫背にならないことと、お尻を下まで落としすぎないことに注意する。

4 体側のストレッチ

やり方

片足を前に出し膝の角度が90度になるまで曲げて同じ側の腕を足の内側から通して足の甲を持つ。反対側の足はまっすぐに伸ばし、つま先が向いているほうへ腕を伸ばし5秒間、真上まで上げる。腕をまっすぐにし、足は深く曲げることで内転筋がストレッチされる。

5 太もも（ランジ）

やり方

足を交互に前に踏み出し、踏み出した足の膝の角度が90度になるまで深く曲げ、腸腰筋をストレッチする。前に踏み出した足の膝がつま先より前に出ないように注意し、背筋をまっすぐにしたまま全部で8歩ほど行う。

6 太もも（ランジ）

やり方

5と同じやり方から、両手を合わせ前に出し、腕をまっすぐにして、足を踏み出した後に下から頭の上まで上げる。膝がつま先より前に出ないように注意し、背中は反りすぎないようにすることで腹筋がストレッチされる。

7 股関節

やり方

片足を斜め前に踏み出し、反対側の足はその場に残したまま、クロスさせる状態にし、後ろ足の膝が地面につくまで深く曲げる。これを両足リズム良く繰り返す。

8 バランス

やり方

肩の高さまで両腕をまっすぐ伸ばし、片足を前に踏み出し、反対側の足を後ろから体の軸がまっすぐ平行になるまで上げる。これによって太腿の裏がよくストレッチされる。

9 リズムラン（スキップ）

やり方

腕は曲げ、片肘と反対側の膝を交互にタッチしながらスキップする。背筋はまっすぐにしたまま8歩ほど行う。

10 リズムラン（かかとに触れて）

やり方

足をかかとがお尻につくまで交互に上げながら前に進み、そのときに足と同じ側の手でかかとをタッチする。背筋を正したまま8歩ほど行う。

11 サイドステップ（腕を回しながら）

やり方

サイドステップを行いながら、両腕をまず外側から回し、次に内側から回し、という動作を繰り返す。前を向いてまま、背筋を正して行うように。

12 クロスステップ（腰を回しながら）

やり方

腕を前足と反対側へ出し腰を捻りながらクロスステップを行う。前足の膝は90度になるまで腰の高さに曲げ、後ろ足は反対側へスタンスを大きく取ってしっかりと捻る。

13 バックステップ

やり方

後ろスキップを数歩してから、少し体勢を低くしながら速いペースでバックステップを行う。このときは足をしっかりと上げるにする。

14 ラダーステップ（斜めに踏み出しながら）

やり方

低い姿勢を取り、まず右斜め前に、次左斜め前にと、速いペースでステップしながら8歩ほど前に進む。このときには切り返しを素早く行うように。終わったら次は同じことを後ろ方向に行う。

15 ダッシュ

やり方

レディポジションから、力をためて一気のダッシュを行う。このときは前傾姿勢で、腕をしっかりと振り、足を高く上げ前に大きく踏み出すことを心がける。

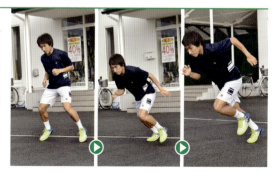

16 チューブ1

やり方

体を横に向け、両腕を肘の角度が90度になるように曲げて胸を張り肩甲骨を引き寄せた状態をつくり、肘をお腹の横につけたまま、肘から先だけを内側の腕は外側から内側に、外側の腕は内側から外側へ、それぞれ30回ゆっくり動かす。

17 チューブ2

やり方

体を前に向け、両腕をお腹の高さくらいにまっすぐ伸ばし前に出す。肩甲骨は離した状態から、腕をまっすぐにしたままお尻の高さまで開きながら落とし肩甲骨を引き寄せる。このときに肩は上がらないように注意する。

18 チューブ3

やり方

17とやり方、注意点は同じで、今度はスタートから開いた状態まで肩の高さで行う。腕をまっすぐにし肘が曲がらないように注意して、肩甲骨をしっかりと引き寄せることを意識する。

19 チューブ4

やり方

両腕を前に伸ばし、胸の高さにセットした状態から、できるだけV字になるように両腕同時に斜め上にあげて戻すという動作を繰り返す。

道具紹介

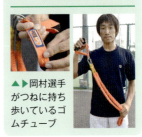

▲▶岡村選手がつねに持ち歩いているゴムチューブ

20 チューブ5

やり方

両腕をまっすぐ伸ばして胸の高さにセットし、そのままの高さで片腕だけまっすぐ後ろに引く。このときは脇が開かないように締めながら肩甲骨を押し出したものを引き戻す意識で片腕ずつ、30回行う。

21 チューブ6

やり方

両腕を肘の角度が90度になるように曲げ、肩の高さにセットし、その位置で固定したまま、肘から先だけを頭の位置まで上げて、元の位置まで戻す。これを片腕ずつ、30回行う。

22 チューブ7

やり方

膝を少し曲げ、上体を前に倒して下を向き、背筋は伸ばした状態をつくる。腕を体の軸の延長線上にまっすぐ伸ばし、そのまままっすぐ肘を曲げながら引き戻すという動作を30回繰り返す。

23 チューブ8

やり方

22の、チューブを引き戻した状態でセットしてスタート。そのまま前に30回腕を回し、次に後ろに30回回す。

column 6 生徒と一緒に 指導者も成長していこう

指導法に悩んで本書を手にとった指導者の方も多いと思います。テニスを教えるのは簡単ではありません。とくに部活などで大人数の生徒がいて、さらに生徒間のレベル差がある場合の指導は大変です。レベルが高い生徒に合わせれば、レベルが低い生徒はついていけませんし、かといってレベルが低い生徒に合わせれば、レベルが高い生徒は退屈してしまいます。そうした中で全員のレベルを上げるのは至難の業と言えるでしょう。

しかし、やり方を少し変えれば対応することは可能です。同じメニューでも、レベルが高い生徒、低い生徒で、球出しのテンポやリズムを変えることで、練習の強度を調整することができます。そのために指導者は、生徒のレベルや体力をしっかり把握しておく必要があります。よく言われることですが、「できる」というのは、何回でも同じことを再現できる状態のことを指します。10回やって1、2度成功したとしても、それはたまたま「できた」のであって、「できる」とは言いません。指導者にとって大切なのは生徒が「できる」まで根気強く付き合うことです。

本書に紹介しているのは、無限にあるメニューから部活に応用できるメニューをピックアップしたものです。実際にやってみると、うまくできるメニュー、できないメニューがあるかもしれません。しかし、教える側(指導者)がメニューの意味を把握していれば、最初はうまくできなかったメニューだって、そのうちにうまくできるようになるはずです。その意味では、指導者の勉強も大切です。生徒がうまくなっているときは、かならず指導者もうまくなっているものです。生徒と一緒に試行錯誤しながら日々の練習に励んでください。

第7章
練習メニューの組み方

この章では、1日3時間の練習を想定した場合に、
どのような練習メニューを組めばいいのかを
目的別に紹介していきます。

試合の反省を練習につなげる

　練習メニューは100%、試合の反省点から作り出されるものだと思っています。

　生徒は経験を積むために大会に出ることが大切で、指導者は、生徒の試合を観ることが大切です。

　例えば、試合でダブルフォルトが多くて、ストロークをする前に失点する場面が多かったら、翌日からストロークの練習より、サービスの練習メニューを多く行うようにするべきです。

　このように、試合で起きた問題点を多く取り入れ、次の大会に向けて準備することで、一歩一歩前に進むことができると私は考えています。

　また、指導者側の主張だけの練習では、面白みも欠けて、生徒は良い練習をしたという実感が持てず、効果も半減してしまいます。生徒の意見も取り入れて、指導者と生徒の目的が一致している練習を行うことも大切です。

　練習を行うのは、あくまでも生徒であり、指導者はそのサポートをしているに過ぎません。

　指導者には、厳しくも楽しい練習メニューを目指して、生徒と日々、向き合って頑張ってほしいと思います。

　さて、ここからは1日の練習時間を3時間と想定した場合の、練習メニューの組み方の例を目的別に紹介していきます。

　練習メニューが固定されてしまうと、生徒も飽きてしまいますので、紹介する例を参考に、状況によって、組み合わせ方や配分をアレンジしてください。

目的 1　サーブリターンを強化する練習

試合はサーブリターンから始まるので、そこが入らなければ、強化したほかのショットを打つ機会もなくなってしまう。まずは確実性を高めていきましょう。

▼ 前半 1.5 時間 サーブリターン

ここで紹介するサーブ練習は、枠のターゲットをねらい、5～10 球連続で枠に入れることを目指すというもの。枠の大きさは左右 1m。普段からこういったプレッシャーのかかる練習をしておくことで、試合中の大事な場面や緊張した場面でのコントロール向上につながります。枠をねらうことで、自分の実力や苦手なコースなども把握することができます。目標を達成するには相当な時間がかかると思いますが、大事な場面で良いサーブを打つために、根気強く取り組みましょう。

リターン練習もターゲットを狙ってやってみましょう。レベルが上がるにつれて狙う範囲を小さくします。

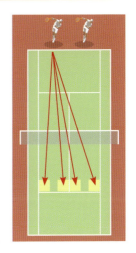

▼ 後半 1.5 時間の練習メニューの組み方例

残りの 1.5 時間はストローク練習や攻撃練習、ボレー練習などを行うといいでしょう。本書で紹介している練習を取り入れたメニューの組み方例を下に紹介します。ポイント練習をもっと行いたいときは、ほかのメニューを少なくするなど、状況に応じてアレンジしてください。1 メニューの時間の目安は約 5 分です。

ストローク練習 （手出し）	P010	Menu001	フォア、バックの連続2球打ち
	P016	Menu004	前後のボールに対するフットワーク
	P018	Menu005	4球打ち+サイドステップ
ストローク練習 （球出し）	P050	Menu020	フォア+回り込みフォア
	P058	Menu024	ストロークのサイドbyサイド1
	P060	Menu025	ストロークのサイドbyサイド2
	P064–P069	Menu027～034	のどれかひとつ
ボレー練習	P074	Menu036	ボレー&キャッチ
	P076	Menu037	フォアボレー、バックボレー連続ドリル
	P084	Menu041	ボレー&スマッシュの連続ドリル
スマッシュ練習	P096	Menu048	連続スマッシュ
	P097	Menu049	スマッシュ&ロブ
ラリー練習	P122	Menu062	2対1ストローク
	P124	Menu063	1対2のボレー対ストローク
	P134	Menu068	1対1のアプローチ&ボレー
	P144	Menu073	1対1のバタフライラリー
	P146	Menu075	1対1の制限ラリー
ポイント練習	P156	Menu080	球出しからのポイント練習

目的 2 ストロークラリーを強化する練習

試合中、ストロークは相手の様子を見て、こちらのチャンスをうかがうショットになります。手堅くコースを突いて、相手に浅いボールを打たせることが目的になります。ただつなげているだけではチャンスボールが来る確率は低いので、重い回転のかかったボールをコントロールして、相手を揺さぶることができるストロークを目指して練習に励みましょう。

▼ 前半 1.5 時間の練習メニューの組み方例

ストローク練習（手出し）	P010	Menu001	フォア、バックの連続2球打ち
	P012	Menu002	フォア、バックの回り込み2球打ち
	P016	Menu004	前後のボールに対するフットワーク
	P018	Menu005	4球打ち＋サイドステップ
	P026	Menu009	フットワーク＆ストローク
	P028	Menu010	下がるフットワーク＆ディフェンスボール
ストローク練習（球出し）	P050-P052	Menu020～021	のどちらかひとつ
	P054-P056	Menu022～023	のどちらかひとつ
	P058	Menu024	ストロークのサイドbyサイド1
	P062	Menu026	相手強打からのディフェンス
	P064-P069	Menu027～034	のどれかひとつ
スマッシュ練習	P092	Menu044	ウォーミングアップストローク
ラリー練習	P122	Menu062	2対1ストローク
	P124	Menu063	1対2のボレー対ストローク
	P138	Menu070	2対2のストロークラリー
	P144	Menu073	1対1のバタフライラリー
	P145	Menu074	1対1のオフェンス対ディフェンスラリー
	P146	Menu075	1対1の制限ラリー

▼ 後半 1.5 時間の練習メニューの組み方例

後半1.5時間のうち、1時間はボレー練習を行います。ストロークが安定し、相手に浅いボールを打たせたあとの展開の練習です。得点を決め切ることを意識して行いましょう。

ボレー練習	P074	Menu036	ボレー＆キャッチ
	P076	Menu037	フォアボレー、バックボレー連続ドリル
	P078	Menu038	ネットポジションでのフットワークドリル
	P080	Menu039	ファーストボレーの連続ドリル
	P082	Menu040	スイングボレーからネットへの連続ドリル

残り30分ではサーブリターンとポイント練習を行いましょう。

目的3 バランス良く強化する練習

こちらはバランス良く全体を強化したいときに行う練習になります。そのなかでも、テニスはストロークが多いので、3時間のうち1時間半はストローク練習を行いましょう。残りの1時間半で、ボレー、スマッシュ、サーブリターン、ポイント練習を行うといいと思います。

ストローク練習（手出し）	P010	Menu001	フォア、バックの連続2球打ち
	P014	Menu003	前後に動いての連続打ち
	P018	Menu005	4球打ち＋サイドステップ
ストローク練習（球出し）	P050-P052	Menu020〜021	のどちらかひとつ
	P058	Menu024	ストロークのサイドbyサイド1
	P060	Menu025	ストロークのサイドbyサイド2
	P064-P069	Menu027〜034	のどれかひとつ
ボレー練習	P074	Menu036	ボレー＆キャッチ
	P076	Menu037	フォアボレー、バックボレー連続ドリル
	P078	Menu038	ネットポジションでのフットワークドリル
	P080	Menu039	ファーストボレーの連続ドリル
	P084	Menu041	ボレー＆スマッシュの連続ドリル
スマッシュ練習	P096	Menu048	連続スマッシュ
	P096	Menu053	アプローチからのパターン練習

ストロークが安定して主導権を握ったとしても、そのあとの攻めがうまくいかず失点してしまうケースがあります。そういったときは、チャンスボールまたはアプローチ＆ボレーのパターンを反復練習しましょう。そして、サーブリターンなどすべてのショットを混ぜてバランスのとれた練習をしましょう。

臨機応変に変える

石井コーチの ワンポイントアドバイス

練習メニューは状況に応じて臨機応変に変えていくことが大切です。例えば、試合が近い場合は、2時間ゲーム練習を行い、そこで目立ったミスの部分を残りの1時間で練習するのもいいでしょう。実際にこのミスが多かったから、この練習をするという流れになれば、生徒も試合をイメージしながら練習しやすいと思います。メニュー選びの例を挙げると、試合でラリーのミスが多かった場合は、Menu013でネットの高いところを通す練習を行い、チャンスボールに対してのミスが多かった場合は、Menu006を繰り返し行って感覚をつかみましょう。

どう修正していいのか分からない、どう指導していいのか分からない。
選手や指導者でそんな悩みを持たれている方もいるはず。
そこで、3つの質問について
ビギナーからプロまでを指導する著者がお答えします。

Q 練習中にアドバイスを伝えるタイミングが分かりません

A 生徒がある程度打ってから伝えましょう

　指導者が良い知識の説明をしても、生徒が聞く耳を持っていなければ伝わりません。伝えるタイミングが大切です。私は、こまめに練習を止めるのではなく、生徒にある程度（約50球）打たせてから説明するようにしています。ボールをたくさん打った満足感に加えて、生徒が自分の課題をイメージしているときに、アドバイスするのが一番伝わるタイミングだと思っているからです。アドバイスも長いと生徒は聞かなくなってしまうので、1分ぐらいにまとめて話しています。

　そして、こちらのアドバイス通りに生徒ができたら、しっかり褒めることが大切です。私は、否定だけで終わらせずに、良かったプレーに対しては「ナイス！」などと大きな声で褒めるようにしています。生徒は何が良くて、何が悪いのかを理解できていないことがあるので、間違いを指摘するだけでなく、正解もしっかり伝えましょう。

Q 大事な場面でミスしないためには

 A 試合をイメージして練習する

　試合のイメージを持って練習することが、メンタルが強くなる第一歩だと思っています。例えば、試合の大事な場面でダブルフォルトをしてしまったとします。次に同じミスをしないために、生徒がその場面のイメージを持って、練習に取り組んでくれるのが一番ですが、子供はうまくイメージできないかもしれません。そういうときは、大事な場面に似た環境で練習できるように、「10球中8球入ったら合格」や「10球目をミスしたら罰ゲーム」など、練習のなかでも緊張感が生まれる設定を取り入れてみましょう。10球のうち何球入ったのかを数えることで、自分の実力を把握することもできます。私も現役のときは、10球のうちの10球目が入らないと、デュースなどの大事な場面では入らないと思ってサーブ練習をしていました。本書で紹介しているメニューを行う際も、目標を設定して取り組むとより効果的な練習になると思います。

 Q なかなか結果でないときはどうすればいいでしょうか？

 A 「まじめに楽しく」練習しましょう

　ある程度、結果が出るまでは、指導者も生徒も我慢が必要になります。お互いにつらい時期だと思います。指導者からすれば、言った通りに生徒がやらないという思いがあるでしょうし、生徒からすれば、つまらなくてきつい基本練習ばかりやらされるという思いがあるはずです。大人はきついことでも頑張れますが、子供は頑張れないことも多いです。その部分を理解して、ちょっとした遊びや気分転換も入れながら、子供が頑張れるようにサポートしてあげましょう。

　10kmのランニングと同じで、初めの3kmまではみんな頑張れても、中間の4〜7kmあたりでめげてしまって歩きそうになる子供も出てきてしまうと思います。指導者は生徒と一緒に走って、8kmまで到達できるように後押しをしましょう。残り2kmのゴール近くになってくると、子供は勝手に走り出します。私は「まじめに楽しく」を意識して生徒と接しています。

CONCLUSION
おわりに

　練習メニューは、試合の失点や反省点から生まれるものです。では、どういった練習メニューを組んだら良いのか？ 自分に必要と思われることを想像して、それを参考に練習メニューを考え、実際にボールを打つときも頭で理解してイメージを持って練習してみましょう。

　また、試合中の大事な場面をむかえたとき、頭で考えてプレーすると逆に体が硬くなり、失敗をしてしまうことが多くなります。日頃から反復練習を行い、体が勝手に動くように準備しておくことが大切です。

　単純な練習を繰り返すと、ミスの数が大幅に減ります。1球のラリーは誰でもできますが、100球のラリーとなるときない人が多くなります。単純なことを繰り返すためには、集中力や忍耐力も必要です。繰り返しやることで戦術面と技術面がリンクします。本書で紹介しているメニューは、技術やフィジカルだけでなく、そういったメンタル面の強化も意識して作っています。

　各メニューを題材にして、ゆくゆくは自分たちの部活やクラブに合ったやり方や回数、テンポなどを見つけて、いろいろなメニューをつくってほしいと思っています。みなさんのオリジナルメニューを拝見できることを楽しみにしています。

石井弘樹

プロフィール

著者
石井弘樹 (Ishii Tennis Academy 代表)

小学生低学年からトップジュニアとして活躍。相工大付属（現湘南工大付属）高校時代は、数々のタイトルを獲得。卒業後はアメリカへ渡り、世界各国を転戦。ATPトーナメント（サテライト）ではダブルスで7回優勝。帰国後は国内トーナメントで20回以上優勝。また、ジャパンオープンのダブルスで、ウィンブルドンチャンピオンのボリス・ベッカー組を破る快挙を達成。プロ引退後は、地元の山梨に戻りIshiiTennisAcademyを設立。ジュニア育成に取り組むとともに若手プロに練習拠点を解放。ツアーコーチとして最新のテニス情報を収集。海外との連携も盛んでスペイン・バルセロナにIshiiTennis Academyスペイン校をオープンし、世界のトップ選手とも積極的な交流を行っている。

撮影協力

左から佐野春佳、砺山仁美、諸岡未来、高木凌、中込颯馬、神原碧

左から石井代表、田沼涼太プロ、岡村一成プロ、守谷聡一郎プロ

デザイン／	有限会社ライトハウス		
	黄川田洋志、井上菜奈美、藤本麻衣、山岸美菜子、岡村佳奈	写　真／	黒崎雅久
	株式会社おおきな木	構　成／	井山編集堂
	明日未来	編　集／	三上慎之介（ライトハウス）

身になる練習法
テニス　大人数対応ドリル

2017年9月29日　第1版第1刷発行

著　者／石井弘樹

発行人／池田哲雄
発行所／株式会社ベースボール・マガジン社
　　　　〒103-8482
　　　　東京都中央区日本橋浜町2-61-9 TIE 浜町ビル
　　　　電話　03-5643-3930（販売部）
　　　　　　　03-5643-3885（出版部）
　　　　振替　00180-6-46620
　　　　http://www.bbm-japan.com/
印刷・製本／広研印刷株式会社

©Hiroki Ishii 2017
Printed in Japan
ISBN 978-4-583-11074-5 C2075

＊定価はカバーに表示してあります。
＊本書の文章、写真、図版の無断転載を禁じます。
＊本書を無断で複製する行為（コピー、スキャン、デジタルデータ化など）は、私的使用のための複製など著作権法上の限られた例外を除き、禁じられています。業務上使用する目的で上記行為を行うことは、使用範囲が内部に限られる場合であっても私的使用には該当せず、違法です。また、私的使用に該当する場合であっても、代行業者等の第三者に依頼して上記行為を行うことは違法となります。
＊落丁・乱丁が万一ございましたら、お取り替えいたします。